行爲詞研究

ZHONGBENQIJING
XINGWEICI YANJIU

吕小雷　谷肖玲　曾　思◎著

項目策劃：袁　捷
責任編輯：袁　捷
責任校對：高慶梅
封面設計：墨創文化
責任印製：王　煒

圖書在版編目（CIP）數據

《中本起經》行爲詞研究 / 吕小雷，谷肖玲，曾思著．— 成都：四川大學出版社，2019.10
ISBN 978-7-5690-3178-2

Ⅰ．①中⋯ Ⅱ．①吕⋯ ②谷⋯ ③曾⋯ Ⅲ．①古漢語－詞彙－研究－中國－東漢時代 Ⅳ．①H131

中國版本圖書館CIP數據核字（2019）第254412號

書　名	《中本起經》行爲詞研究
著　者	吕小雷　谷肖玲　曾思
出　版	四川大學出版社
地　址	成都市一環路南一段24號（610065）
發　行	四川大學出版社
書　號	ISBN 978-7-5690-3178-2
印前製作	四川勝翔數碼印務設計有限公司
印　刷	郫縣犀浦印刷廠
成品尺寸	148mm×210mm
印　張	7
字　數	187千字
版　次	2021年7月第1版
印　次	2021年7月第1次印刷
定　價	68.00圓

版權所有◆侵權必究

◆ 讀者郵購本書，請與本社發行科聯繫。
　電話：（028）85408408/（028）85401670/
　（028）86408283　郵政編碼：610065
◆ 本社圖書如有印裝質量問題，請寄回出版社調換。
◆ 網址：http://press.scu.edu.cn

四川大學出版社
微信公衆號

序　言

　　東漢漢譯佛經在斷代詞彙研究中具有重要的語料價值。東漢康孟詳所譯經多採用四言格式，這一語體形式對後世影響深遠。本書以康孟詳所譯《中本起經》中的1301個行爲詞爲研究對象，以俞理明"人本角度"的意義分類思路爲依據，以展現詞語歷史來源的差異爲目的，對該書的行爲詞進行了全面研究。本書分析了行爲詞的概貌、複音詞的情況、各行爲詞意義之間的關係，以及同義詞和無生行爲詞、有生行爲詞之間的意義關聯。全書共分九章，現分述如下。

　　第一章，首先闡明選題緣由，對選題的研究現狀進行綜述。其次，指出本書的研究方法，即從"人本角度"出發，按意義分類，展現詞彙的歷史來源。最後，對本書的體例進行說明。

　　第二至六章，將有生行爲詞分爲"生命過程行爲""五官肢體行爲""心理行爲""生產生活行爲""人際行爲"五類。在此基礎上，對《中本起經》中的有生行爲詞展開全面描寫。

　　第七章，着重描寫《中本起經》中的無生行爲詞。

　　第八章，首先，在前文的基礎上，對《中本起經》中的行爲詞進行了全方位的分析，並得出相應的結論。其一，從共時的角度來看，《中本起經》中的行爲詞具有以下特點。（1）"五官肢體行爲"類有生行爲詞的使用頻次較高。這是和《中本起經》多採用對話的形式展開文本密切相關的，因此在該類行爲詞中，關於口部的行爲詞尤其豐富。(2)"人際行爲""生產生活行爲"類的有生行爲詞較爲豐富,這和《中本起經》講釋迦成道後進行教化之事的內容有關。不過,這些有生行爲詞使用的頻次並不高。其二,從歷時的角度來看,《中本起經》中所使用的行爲詞,以東漢時期的詞彙量最多,次爲西周、春秋、戰國、西漢時產生的詞彙。如果從詞彙使用頻次來看的話,文本中使用頻次最高的是西周詞彙,次爲春秋詞彙,次爲戰國詞彙、西漢詞彙和東漢詞彙。這裏有一個很有意思的現象,即西周詞彙、春秋詞彙使用的頻次較高,而戰國詞彙、西漢詞彙和東漢詞彙使用的頻次卻相對較低。這是因爲西周詞彙和春秋詞彙,在當時至少已有六七百年的使用歷史,詞彙意義較爲明確,具有較強的穩定性,而產生於戰國及其後的詞彙,詞彙的意義還在不斷地補充、修正和完善,詞彙的穩定性還需要經受時間的磨礪,所以使用頻次較低。

其次,本章對《中本起經》中的複音詞進行了研究。總體而言,從歷時層面來看,《中本起經》中的單複音詞呈現出雙音節詞語的詞量和詞次隨時代遞增,單音節詞的語詞量和詞次隨時代遞減的整體趨勢。東漢詞語新質中複音詞的數量是單音詞數量的六倍多,而單音詞的平均使用次數是複音詞的兩倍。這說明雖然東漢產生的新詞語多爲複音節,但其使用頻次還不高。從共時層面來看,單音詞總量比複音詞總量略高,但單音詞使用頻次卻是複音詞的四倍,這說明單音詞在交際中承擔了重要的語言功能,對辭彙研究而言,具有較大的價值。

再次,本章對《中本起經》中的同義行爲詞進行了分析。東漢同義行爲詞的產生方式有以下幾種:(1)同義行爲詞的聯合;(2)把詞彙已有的意義獨立出來,形成一個新詞;(3)"表示存有義或實行義的詞語+行爲詞",從而構成新詞;(4)在已有行爲詞的基礎上加上不表義的成分；（5）據行文修辭的需要而產生新詞；（6）有的詞語在意義衍生過程中發展出某一意義，而和已有的表示相同意義的詞語形成同義詞，這可以理解爲詞彙發展中的"殊塗同歸"。在《中本起經》的651個同義詞中，東漢詞彙有200個，占全書同義行爲詞總量的31%。其中，有175個新詞和舊有詞形成同義關係，爲古今同義詞，而另外25個新詞和舊有詞了無關涉，屬於純粹的新詞。在這175個古今同義詞中，有147個詞彙在東漢以前爲單音節詞，在東漢時發展爲雙音節詞，這種純形式翻新的詞彙占了東漢同義行爲詞總數的33%，由此可見，形式翻新對詞彙系統的影響較大。

最後，本章從相異概念數的角度對《中本起經》中的行爲詞做了分析。結果顯示，"人際行爲"類有生行爲詞的相異概念數最多，其次分別爲"五官肢體"類有生行爲詞、"生產生活"類有生行爲詞、無生行爲詞、"心理"類有生行爲詞、"生命過程"類有生行爲詞。"生命過程"類有生行爲詞裏的相異概念相對較少，主要是因爲它們涉及生老病死；而"心理"類有生行爲詞的相異概念較少，則因爲這類詞彙中表達相同概念的詞語較多。這說明我們在進行漢語詞彙斷代研究的時候，要注意詞彙的相異概念系統，通過不同時代的對比，揭示各詞彙系統語義產生、變化及消亡的規律。

通過本章的研究，我們將有生行爲詞和無生行爲詞的關係歸納爲"自身行爲和致使行爲""無生、有生的相似行爲""動態和靜態"三種，進而總結了詞義引申的兩條規則，即相似引申和因果引申。

結語部分對全書的研究進行了回顧與總結，並指出了研究中存在的問題和不足，以及將來研究需要進一步充實和完善的地方。此外,筆者將相關的研究成果《有生、無生行爲詞與作格動詞》《〈中本起經〉詞語用法劄記》作爲附録一、二,供讀者參考。爲便于讀者閲讀和使用本書,筆者還編制了"詞目索引"作爲附録三,供讀者查閲。

目　録

第一章　緒　論…………………………………………（1）
　第一節　選題緣起……………………………………（1）
　第二節　研究現狀……………………………………（6）
　第三節　研究對象……………………………………（12）
　第四節　描寫的方法…………………………………（16）
第二章　生命過程行爲…………………………………（20）
　第一節　生命過程……………………………………（20）
　第二節　疾病治療……………………………………（22）
第三章　五官肢體行爲…………………………………（23）
　第一節　口部言說行爲………………………………（23）
　第二節　耳鼻喉目首行爲……………………………（31）
　第三節　四肢行爲……………………………………（35）
　第四節　軀體位移行爲………………………………（38）
第四章　心理行爲………………………………………（45）
　第一節　心情感受……………………………………（45）
　第二節　念想感觸能够意願…………………………（50）
　第三節　思考解知、辨別判斷、計算謀劃…………（52）
　第四節　接物態度……………………………………（56）
第五章　生產生活行爲…………………………………（64）
　第一節　居止出行……………………………………（64）
　第二節　衣食衛生……………………………………（67）

第三節　日常勞作與農業手工業行爲……………………（70）
　第四節　商業理財行爲………………………………………（70）
　第五節　學習、修行行爲……………………………………（71）
　第六節　娛樂儀式及術數……………………………………（72）
　第七節　利用、處置、製造…………………………………（74）
　第八節　行　動………………………………………………（82）
第六章　人際行爲………………………………………………（87）
　第一節　施　受………………………………………………（87）
　第二節　人際交往……………………………………………（96）
　第三節　社會治理……………………………………………（107）
第七章　無生行爲………………………………………………（111）
　第一節　自然運行……………………………………………（111）
　第二節　有　無………………………………………………（112）
　第三節　變　化………………………………………………（115）
　第四節　關　係………………………………………………（122）
第八章　行爲詞分析……………………………………………（128）
　第一節　行爲詞概貌…………………………………………（128）
　第二節　單、複音詞分析……………………………………（130）
　第三節　同義行爲詞分析……………………………………（132）
　第四節　有生行爲詞與無生行爲詞的意義關係……………（149）
結　語……………………………………………………………（154）
附錄一　有生行爲詞、無生行爲詞與作格動詞………………（157）
附錄二　《中本起經》詞語用法劄記…………………………（171）
附錄三　詞目索引………………………………………………（183）

參考資料…………………………………………………………（208）

第一章 緒 論

第一節 選題緣起

一、東漢佛經詞彙研究的價值

漢語史是一門對漢語的歷史發展進行研究的學科。以往說的"古代漢語"指上古漢語，也就是以先秦典籍爲代表的漢語和歷代仿古作品的漢語。隨著學者們對漢語史分期討論的深入，從中又劃分出了"近代漢語"和"中古漢語"。本書描寫和分析的對象是東漢的《中本起經》，屬於中古漢語的詞彙研究。

漢語詞彙史是漢語史的一個分支，漢語語言要素中，可以說，詞彙是語言的血肉，語法是語言的筋骨。從語言習得和語言教學的角度來看，詞彙也是語言的重要內容。詞彙與社會、文化的聯繫較爲密切，對社會變化的反應比較靈敏，因此詞彙的研究具有重要的意義。要建立科學的漢語詞彙史，必須以斷代詞彙的研究爲基礎。

從漢語史的研究目的來看，任何一個時代的語言現象都是值得研究的。東漢末年語言上發生了一些顯著變化。太田辰夫在《漢語史通考》（1954）中談道："通常認爲到後漢時口語和文言之間的差別似乎已經產生，這從後漢的文章中有一些跟後世的口語（即所謂的白話）一致，相反跟文言不一致的成分上面可以推測出來。這樣一來，口語和文言漸漸分離開了。"① 方一新在《中古近代漢語詞彙學》（2010）中也指出："劃分中古漢語的主要依據是從漢代開始，出現了言（口語）文（書面語）分離的現象，並且越來越明顯，以致形成了兩種風格迥異的文獻語言。"② 東漢末年，由於佛教的傳入，出現了一批漢譯佛經。這些早期的漢譯佛經在漢語詞彙史的研究中有不可忽視的價值。

　　首先，早期漢譯佛經對漢語詞彙系統的斷代研究具有重要價值。東漢漢譯佛經的口語化傾向比較明顯。從宣傳對象的角度來說，要使老百姓聽懂佛經教義，就必須采用通俗的語言；從譯師自身文化素養的角度來說，早期的佛經譯者往往不能兼通胡語和漢語，對中國的傳統典籍不甚熟悉。這些因素都促使漢譯佛經呈現出明顯的口語化傾向。早期漢譯佛經文獻中的新詞新義也很豐富，許多口語性表達生動鮮活地記錄了當時的語言。對東漢漢譯佛經詞彙進行全面描寫和分析，有助於瞭解東漢末年的詞彙系統，也爲進一步建立漢語詞彙史做好鋪墊；而歷史上產生的許多新詞新義，也多爲辭書所不載，因此它還可以爲補訂辭書提供書證。

　　其次，對早期漢譯佛經中的外來詞進行研究具有重要價值。在佛經翻譯過程中，必然會運用大量的音譯詞和意譯詞，這就給漢語增加了一批外來詞。對這些外來詞進行研究，有利於揭示語言接觸的規律。

　　最後，對早期漢譯佛經詞彙系統內部關係的研究具有重要價值。在漢譯佛經中，去除其中通用的全民詞彙，剩下的就是僅適用於佛教社團的獨特詞語（以下簡稱"社團詞語"），學界一般將

---

① 太田辰夫：《漢語史通考》，江藍生、白維國譯，重慶：重慶出版社，1991年，第187頁。

② 方一新：《中古近代漢語詞彙學》，北京：商務印書館，2010年，第19頁。

其稱爲"佛教詞語"。社團詞語的通行範圍有限，往往是造成交際障礙的主要因素，理應受到關注。其實，部分佛教詞語是在全民詞彙的基礎上發展起來的，如"甘露""漏""著"等，他們既在佛經中有其特殊意義，同時也被其他語言社團所使用。研究佛教詞語，有助於瞭解東漢佛教社團用語和全民詞彙及其他社團語言之間的關係。

概言之，東漢漢譯佛經在東漢詞彙研究中具有重要的語料價值。

二、《中本起經》及其語言特點

梁僧祐《出三藏記集》是中國現存最早的佛教文獻目錄，該書記載道："(《中本起經》)凡二卷，漢獻帝建安中，康孟詳譯出。"① 《高僧傳》記載："孟詳譯《中本起》及《修行本起》。先是，沙門曇果於迦維羅衛國得梵本，孟詳共竺大力譯爲漢文。"② 兩書對該經譯者的説法略有不同。要把外語翻譯爲漢語，則需要譯者熟悉兩種語言，而當時來華的外國譯師大多對漢語不甚精通，很多佛經其實是先由他們口譯梵文，然後由漢地譯者執筆記錄、潤飾，最後成書。在《中本起經》的譯者中，竺大力、曇果均爲印度人，因此由康孟詳執筆記錄、潤飾，應當没有什麽問題。據呂澂《新編漢文大藏經目錄》(1980)、俞理明《佛經文獻語言》(1993) 的考證，《中本起經》是東漢比較可靠的佛經譯作。該書主要講佛陀得道之後宣化度人、傳教的故事。

康孟詳上承安世高等譯師，在語言上表現出很高的技巧，其所譯的佛經，對後世產生了深遠的影響。

---

① （梁）僧祐：《出三藏記集》，北京：中華書局，1992年，第28頁。
② （梁）慧皎：《高僧傳》，北京：中華書局，1992年，第11頁。

《中本起經》行爲詞研究

首先，從文體風格來看，《中本起經》多采用四言，使經文四字一頓，朗朗上口，在譯經語言形式上開一代風氣，並廣爲後來譯師所效仿，影響深遠。東晉道安認爲，"孟詳所出（佛經），奕奕流便，足騰玄趣也"①。也就是説，孟詳譯經，文筆優美，語言流暢，毫無滯澀之感，足以傳達經文中的玄趣。許理和先生也對康孟祥的譯經語言做過評論："（康孟詳）頻頻使用文言成分，風格上的潤飾，中國式的排比句以及規範的四字格式，偈頌都意譯成五言或七言、九言的無韻詩句，且不時表現出高超的技巧……從文學角度來看，這兩部佛傳經無疑是漢代最成熟的佛經譯文。"②

俞理明先生指出："康孟詳的譯經，在内容上對漢地佛教發展没有特別重大影響，所以歷來不被佛學研究者看重，但他的譯經不論内容和形式，對語言文學的研究都有重大價值，這是其他譯人和譯經所不能替代的，他在中國翻譯史上也是一位不可忽視的重要人物。"③

其次，從語言本身來看，《中本起經》的語言多采用對話形式，出現了許多口語詞。如動詞"止止"，疑問代詞"那"，量詞"反"，等等。還有一些特殊的句式，如：施事＋見＋動詞＋受事。如："大鬼將軍半師見敕逐汝輩耳。"（153b）又，"不"用於疑問句末，如："彼有精舍，容吾眾不？"（156b）《中本起經》主要是通過講故事來宣傳佛教教義，故其詞語涉及的生活面相對較寬，在一定程度上減輕了文獻中詞彙材料的隨機性和偏向性帶來的局限。《中本起經》共三萬字左右，既足以容納一定量的詞

---

① （梁）僧祐：《出三藏記集》，北京：中華書局，1992年，第512頁。
② 許理和先生是把《修行本起經》和《中本起經》放在一起説的。詳見許理和、顧滿林：《关于初期汉译佛经的新思考》，《汉语史研究集刊》，成都：巴蜀書社，2001年。
③ 俞理明：《佛經文獻語言》，成都：巴蜀書社，1993年，第16頁。

彙，又不至於太龐大而無法進行全面描寫，比較適於作爲研究詞彙的語料。

三、行爲詞研究的重要意義

宇宙離不開物質和運動，物質具有一定的性狀，行爲（運動）體現爲一定的情狀，事物無不處在運動變化中。反映到人類語言中，就是對物質的運動、狀態的表達。可以說我們的經驗表達的核心是事件，其中包括事件所涉及的名物和與之相關的說明成分。這個說明成分既可以是行爲詞，也可以是性狀詞。性狀詞是伴隨著名物和行爲的，名物可以具有方圓、大小等性質；行爲可以有快速、緩慢、秘密、公開等特點。行爲詞是語言表達中一個重要的詞語類型，和人們的生活關係密切。從詞彙角度對行爲詞展開研究，有利於反映出語言是如何反映現實生活中物質的運動變化和狀態的。另外，行爲詞往往和句子中一定的語言成分進行組合，如果對其組合關係進行研究，有利於發掘表層句法結構的深層原因。

呂叔湘先生在《句型和動詞學術討論會開幕詞》（1987）一文中指出，"句型問題往往跟動詞的性質分不開"[①]。范曉、朱曉亞在《三價動作動詞形成的基幹句模》（1998）中指出，基幹句模的建立是根據動詞的語義小類和動元的語義角色的搭配建立的[②]；魏志成在《漢語句型系統的解構與重構》（2010）中認爲，

---

① 呂叔湘：《句型和動詞學術討論會開幕詞》，《句型和動詞》，北京：語文出版社，1987年，第2頁。
② 范曉、朱曉亞：《三價動作動詞形成的基幹句模》，《漢語學習》1998年第6期，第1頁。

"不同的句型是因爲配置功能不同的動詞造成的"①。因此，可以說抓住了行爲詞這個核心，也就爲進入句法研究鋪墊了基礎。

基於學者們對康孟詳譯經的高度評價、《中本起經》本身在語言上的一些特點，以及行爲詞對詞彙和語法研究的重要性，我們選擇以康孟詳所譯《中本起經》作爲語料，對其行爲詞進行全面描寫和分析研究。

第二節　研究現狀

一、《中本起經》詞彙研究現狀

學界對《中本起經》詞彙進行專門研究的學術成果如下：

朱慶之在《佛典與中古漢語詞彙研究》（1992）"微觀篇"中對《中本起經》中的新詞新義進行了窮盡性描寫，在此基礎上，對其中反映出的"一般的具有某種規律性的現象"做了探討。朱先生指出，《中本起經》由於文體的需要，出現了許多臨時創造的雙音節詞語，加速了詞彙的複音化；特別是其中有些並列式語法結構可以看成是一個由表義的語素與另一個實際上不表義的語素構成的語言形態。如"嚴辦"是"嚴"的擴充式，"衣被"是"衣"的擴充式，"辦"和"被"僅起擴充音節的作用。如果語法研究者對此認識不清，就很可能將其理解爲其他語法關係。此外，他還指出《中本起經》中部分語素的構詞能力較強，如："行""毒""複""自"等。

方一新《敦煌寫卷〈中本起經〉校讀劄記》（2010）以俄藏、

---

① 魏志成：《漢語句型系統的解構與重構》，《廈門理工學院學報》2010 年第 1 期，第 7 頁。

上海市圖書館藏敦煌殘寫卷《中本起經》爲參校對象，對傳世本《中本起經》中的數條詞語進行了校勘考釋。

俞理明、顧滿林的《東漢佛道文獻詞彙新質研究》(2013)，則在更大範圍内對《中本起經》展開研究，其中包括對《中本起經》新詞新義的意義分類研究，因此對本書的寫作具有較大的參考價值。

二、行爲詞的研究角度

"詞"兼有語法和詞彙雙重角色，因此，可以從語法和詞彙兩個不同的角度對行爲詞展開分析。從語法的角度，行爲詞叫"動詞"，不過從詞彙的角度來看，我們還是主張將其稱爲"行爲詞"。從詞彙的角度而言，行爲詞的研究可以分爲形式關係研究和意義關係研究兩個方面。

(一) 形式關係研究

形式關係包括詞語音節長度（如單音、複音等）和異序（同樣的語素因順序不同而成爲不同的詞）。

1. 單音詞、複音詞研究

單音詞是漢語的基礎，也是漢語詞彙的基礎。多數複音詞是在單音詞的基礎上形成和發展的。複音詞研究最初與構詞法的研究相關。呂叔湘在《中國文法要略》(1942)中把詞分爲單純詞和複合詞，王力在《漢語語法綱要》(1957)中指出，"古代漢語單音詞占大多數，複音詞極少，現代漢語裏複音詞大大的增加了"[①]。從歷史的角度看，漢語構詞法是由單音詞向複音詞發展的，這就是後來學者們公認的複音化規律。高名凱《漢語語法

---

① 王力：《漢語語法綱要》，上海：新知識出版社，1957年，第21頁。

論》（1948），呂叔湘、朱德熙《語法修辭講話》（1952），崔復爰《現代漢語構詞法例解》（1957）對此都有相關研究。20世紀80年代，向熹《〈詩經〉裏的複音詞》（1980）是第一篇運用現代漢語構詞法體系對古代漢語複音詞進行大規模地斷代研究的文章。20世紀80年代到21世紀初，複音詞一直是漢語詞彙研究中的重點。這一時期產生的比較有影響力的相關研究成果有馬真的《先秦複音詞初探》（1980）、管燮初的《西周金文語法研究》（1981）、程湘清的《兩漢漢語研究》（1992）、伍宗文的《先秦漢語複音詞研究》（2001）等。21世紀初至今，語言學界對複音詞的研究熱度仍然未減，而當代語言學家從宏觀角度對詞彙複音化進程的探討，也經歷了從單純考察詞量到綜合考察詞次、詞頻，再到考察詞彙義項的多少、語體對認識單複音詞地位的影響等諸多問題的轉變。該階段所產生的具有代表性的學術成果有俞理明、譚代龍的《〈根本説一切有部毗奈耶破僧事〉詞彙研究》（2004），田啟濤、俞理明的《漢語詞彙複音化的觀察視點和方法——以早期（魏晉）天師道文獻爲例》（2016）等。

2. 同素異序詞研究

同素異序詞也是複音詞研究中的重要內容。漢語中部分並列式雙音詞在複音化的發展過程中，有一個語素次序從不固定到趨於穩定的過渡階段。同素異序詞可以劃分爲共時和歷時兩類，如程湘清《兩漢漢語研究》（1992）既考察了《論衡》中的同素異序現象，也闡明了異序詞在現代漢語中的保留情況；張能甫《東漢語料及同素異序的時代問題——對〈東漢語料與詞彙史研究芻議〉的補説》（2000）指出，"同素異序詞語，既有共時的，也有歷時的，二者兼而有之"，學者在研究中應該考慮這兩種情況。目前學界對同素異序詞語的研究往往偏重於辨析詞彙意義和在具體用法上的同異。伍宗文《先秦漢語複音詞研究》（2001）指出，先秦時期的部分同素異序詞語在語法上存在分工，並且在意義和用法上也存在着迥異、包容、交叉、相因等幾種情況。姜黎黎《古代漢語同素異序詞研究綜述》（2009）認爲，同素異序詞語的研究角度逐漸多樣化，包括同素異序詞的時代問題、成因問題、修辭研究、應用價值研究等。

（二）意義關係研究

和詞彙意義相關的研究包括語義場角度的研究和意義演變角度的研究。

1. 語義場角度的研究

語義場角度的研究關注的不是單個的詞語，而是具有某種共同特點而形成聚合的一類詞語。從整體上劃分語義場的類別能夠顯示出不同類別詞語之間的意義關係。賈彥德在《漢語語義學》一書中指出："語言的總語義場是極其複雜、規模巨大、多層次、多側面、既有聯想場又有詞彙場的總系統。"① 在該書中，作者列出了語義總場的部分框架，他將第一層語義場分爲三類：一、物件（自然界、社會、人的精神世界）；二、運動（物件的運動、變化、行爲、動作）；三、性質（物件的屬性、特徵）。關於第二層語義場，他則以第一層語義場中的"運動"類爲例，將其分爲"人可以有的"和"人不可以有的"兩類；而這兩類所統轄的"動作行爲""狀態""關係""能願"四類詞彙，構成了整個語義總場的第三層。不過遺憾的是，作者並沒有給出一個完整的總語義場體系。

俞理明、顧滿林的《東漢佛道文獻詞彙新質研究》（2013）從人本的角度對東漢佛道文獻詞彙進行了意義分類。俞理明先生在《詞彙描寫的思路和方法》（2013）中說道："詞是世界眾多事物現象在人們認識中概念化的結果，而人們對於外界事物現象的

---

① 賈彥德：《漢語語義學》，北京：北京大學出版社，1992年，第207頁。

認識,有一個從自身向外界、從具體到抽象、從粗略到細微的不斷擴大的過程,從人自身出發的分類考慮,可以充分照顧這一過程。"① 據此,俞先生將語義分爲名物、行爲、性狀三類,從而建立起了一個比較完整的語義總場,對理解詞彙語義場總貌具有重大價值。

大多數語義場的研究是圍繞某一子語義場進行的。如同義、類義、反義義場等。在同義義場的研究中,如何定義"同義"一詞,是一個基礎性問題。學界對"同義"一詞的認識,經歷了一個長期的過程。王力《语文知識》(1953)、高名凱《普通語言學》(1953)、張永言《同義詞簡論》(1982)等均持"意義近同"說,此爲學界對"同義"一詞認識的第一階段。20 世紀 80 年代以來,隨着詞彙研究的不斷深入,逐漸形成了"義位同一"說,此爲第二階段。蔣紹愚在《古漢語詞彙綱要》(1989)一書中指出,當我們在討論詞義的發展變化和同義詞、反義詞等問題時,都不能籠統地以詞爲單位,而要以義位爲單位。後來蔣先生的這一論斷逐漸成爲學界的共識。

王彤偉先生在《古漢語同義詞專書研究和一般性研究的區別》(2008)中指出,古漢語同義詞研究包括專書同義詞研究和一般同義詞研究兩大類,並詳細分析了兩者之間的異同。他認爲,專書同義詞研究與一般同義詞研究的不同,首先表現爲研究目的之不同。一般性研究在於精確訓釋詞義,而專書研究更注重展現全書同義詞的全貌。其次,兩者的研究對象也不同。一般同義詞研究以單音節爲主,而專書同義詞研究則是單音詞和複音詞並重。因此他提倡將複音詞的研究納入同義詞的研究,在同義聚合的情況中看待詞彙的複音化問題。

---

① 俞理明:《詞彙描寫的思路和方法》,《漢語史研究集刊》(第十六輯),成都:巴蜀書社,2013 年,第 72 頁。

張生漢在《古漢語同義詞研究的性質與目的》（2008）中指出，辨析同義詞意義之間的差别是十分必要的，但這並不是古漢語同義詞研究的全部，起碼不是它的主要方面。"古漢語同義詞研究的目的是通過對漢語某一歷史階段同義詞語情況的考察，來了解這一歷史阶段漢語詞彙的基本面貌；從詞語之間同義關係的形成、變化的角度來探究詞彙系統演變發展的原因。"①

類義關係語義場的研究對象是下位概念和上位概念之間的語義關係，如"股""膝""脚""趾"等词语表示的概念同屬於"身體部位"这个上位概念，形成了一个類義聚合。蔣紹愚先生針對"義素分析法"存在的一些缺陷，提出了"概念要素分析法"，即分析某一子概念場的一些要素。如其《打擊義動詞的詞義分析》（2007）一文，就是以概念要素分析法對打擊義動詞進行分析比較的，在一定程度上具有示範意義。

反義關係語義場研究主要是從詞性、詞義關係（互補、極性、反向、對稱）、義位的對構情況（包括雙邊單項對立、多邊單項對立、雙邊多項對立，多邊多項對立）、義類、音節的多少等不同角度對反義詞進行分類。

2. 意義演變角度的研究

詞語意義的演變研究主要是對引申規律的探索。引申是基於聯想發生的意義變化。陸宗達、王寧在《訓詁方法論》（1983）中提出了引申的三種規律：理性的引申，狀所的引申，禮俗的引申。涉及行爲詞意義間關係的引申方式有以下三種：因果引申，施受引申，反正引申。殷寄明、邵文利的《論詞義的因果引申》（1996）中涉及行爲詞意義引申關係的有因果引申，如"没：潛入水中—消失""憐：同情—愛""出：出來—出現"等。何書

---

① 張生漢：《古漢語同義詞研究的性質與目的》，《漢語史研究集刊》（第十一輯），成都：巴蜀書社，2008年，第237頁。

《試論古漢語動詞詞義裂變式引申》（2007）則從動詞的詞義結構入手，通過精密的考察，認爲在一定條件下，詞彙的某一意義要素可以分裂出來，成爲獨立的一個義位。周俊勳在《中古漢語詞彙研究綱要》（2009）中提出了"相似性引申"和"相關引申"的概念。

有些詞彙的意義演變不是通過"引申"而來的，學者們對這類詞彙從其組合關係中也發現了一些規律。伍鐵平《詞義的感染》（1984）提出了"詞義的感染"這一概念；張博《組合同化：詞義衍生的一種途徑》（1999）提出"組合同化"的規則。如"蠶"有"侵蝕"義，從"蠶"本身看不出其意義來源，但結合別的語素搭配成詞，如"蠶食"，該義項就能獲得解釋，"蠶"的"侵蝕"義是受"食"的同化。

第三節　研究對象

一、詞語的判定

本書以《中本起經》中的行爲詞爲研究對象，而研究對象的獲得，既可以從文本所記錄的語流中直接挑選，也可以對文本中的所有詞語進行切分和分類，然後再篩選。本書采取的是後一種方法。要對詞進行切分，首先要明確詞的定義，這是最基本的前提。按照學術界的傳統説法，詞是"語言裏可以自由運用（或自由活動）的最小單位"[①]，或"詞是最小的能夠獨立運用的語言單位"[②]。但問題在於，以上定義中的"自由運用"或"獨立應

---

① 張志公：《初級中學課本》，北京：人民教育出版社，1955年，第13頁。
② 張斌：《新編現代漢語》，上海：復旦大學出版社，2012年，第157頁。

用"是個很模糊的概念,根據呂淑湘先生的觀點,能够"獨立運用"或"自由運用"的語言單位,既包括可以單說的詞,又包括不可以單說的詞,還包括能够和別的詞或語素進行組合的詞,此外,還包括虛詞①。由此可見,所謂的"獨立運用"或"自由運用",確實是一個很寬泛的概念。語言的自然形式是語流,而"單說"或"不單說"不是成詞的必要條件。基於以上認識,董秀芳提出了一種判斷某個詞是否"自由"的方法,她認為,可以"根據特定語類的典型的句法分布"來確定一個詞是"自由"的還是"黏着"的,而"能在所屬語類的典型分布環境中出現"的詞,就是自由的②。例如現代漢語中的"趨",一般不能單獨成詞,但是在"他的作品更趨成熟"這一具體語境中,"趨"被副詞"更"修飾,它就是動詞。但是這種判別方法只適用於單音節詞,如果一個雙音節或多音節詞占據一個句法位置,那麼這種方法就不具備操作性了。因此,我們認為在判斷一個語言單位是否為一個詞的時候,應從該語言單位的形式和意義出發,將其置入具體語境中進行考察。因此,本書將詞界定為"在語言裏用來組成句子或組成短語,並最終組成句子的,在形式上和意義上具有完整性,且比較固定的最小的單位"。形式上和意義上具有完整性的詞,是指其內部不可以增添其他成分的詞,比如"作禮""失火"。許多並列結構的詞語也是通過意義相同或相近、相反的語素組合而形成的意義更融合的詞語,如"形像""憂愁"等。

而有些詞彙的組合,其中某一個單位的同類型搭配不只一個,可以搭配的成分數量有多有少,這樣部分詞彙就存在着程度不同的組合周遍性,因此我們在對這些詞彙的具體切分中,采取

---

① 呂叔湘:《說"自由"和"黏着"》,《呂叔湘文集(第2卷)》,北京:商務印書館,1990年,第374頁。

② 董秀芳:《漢語的詞庫和詞法》,北京:北京大學出版社,2004年,第48頁。

從寬或從嚴的處理方式。具體而言，主要有以下幾種情況：

1. 偏正結構。
   (1) 狀中結構。如：
       大 X[①]：大喜、大呼、大輕易（之）、大怒
       共 X：共議、共坐、共詣（佛所）
       先 X：先問、先有、先度（我）
   (2) 定中結構。如：
       眾 X：眾星、眾禍、眾僧、眾名香
       諸 X：諸女、諸妹、諸比丘
       X 心：敬心、愛心、愛敬心、恭敬心
2. 述賓結構。如：
       受 X：受教、受敕、受命、受請
       應 X：應聲、應念
3. 類詞綴+X 或 X+類詞綴。如：
   (1) 動詞、名詞、數詞+者：服法衣者、一者、此五處者
   (2) 所+動詞：所得、所不解、所聞
   (3) 可+V：可戴、可仰、可惜、可尊、可貴。

在上述偏正結構的表達中，組合周遍性高的，就說明其可分離性強，其整體性就不明顯。例如"大"可以和不同的心理動詞組合形成"大喜""大呼""大輕易（之）""大怒"等表達，說明這些表達內部可分離性強，可以用一種語法規則來解釋，而不必把這些都歸入詞庫中。"類詞綴+X 或 X+類詞綴"的組合中，"者""所"可以搭配的單位很多，因此以上"偏正結構"下的全部例子和"類詞綴+X 或 X+類詞綴"的前兩類作為短語。而"述賓結構"中，"受"和動詞組合的數量只有幾個，我們歸入詞；"類詞綴+X 或 X+類詞綴"的第三類，"可"所能搭配的也

---

① "X"表示所組合的成分，下同。

不像"者""所"那樣普遍，有固定的幾個，因而作爲詞。但組合周遍性從低到高是一個連續統，我們的歸類只有兩類，這其中必然會有主觀性。

在詞的判定中，除了詞和短語的區分這個問題外，還有"詞的同一性"問題。同一個詞形可能在語音、語義、語法功能等方面表現出不同。同一個詞形具有不同讀音的往往是不同的詞；同一個詞形表達不同意義時，我們也將其作爲不同的詞看待，蔣紹愚《古漢語詞彙綱要》（1998）中已提出此觀點。

同一個詞形具有不同的詞性，或者兼有一般動詞用法和使動用法，或者兼有及物動詞與不及物動詞的用法，關於這些情況的義位劃分容易有分歧。我們參考《漢語大詞典》義項的劃分，並采取盡量區分的原則，這樣能較爲細緻反映出某個詞在不同語境中用法的不同和義項的發展。

（二）行爲詞的確定

具體到行爲詞的確定，還需要聯繫整體的語義分類框架。語言中代表各種事物的詞語我們稱爲名物詞，它們具有獨立存在的可能，行爲詞反映事物的變化、運動和相互作用。性狀詞"表示各種事物行爲的不同表像和特徵，這些表像特徵依附於事物或行爲，或通過事物行爲的存在而表現出來"。其他類是不反映名物、行爲、性狀的詞語，包括反映語句之間邏輯關係的連詞、語氣詞、指代詞和介詞。

從語法功能角度而言，在意義上不表示有生物和無生物的行爲、變化，而是表示某一事件情態範疇的能願動詞，我們認爲它屬於性狀詞，不將其歸入行爲詞。表示屬性關係的"是""爲"，具有心理認定的含義，可將其視爲判斷行爲，因此我們將其納入行爲詞的範疇。通常來說，動態和靜態是相對的，因此我們將表示人感受的詞語作爲行爲詞,將表示人心境的詞語作爲性狀詞。

第四節 描寫的方法

一、按意義分類

"詞類",顧名思義,就是詞的分類。通常情況下,語言學者根據不同的目的,可以對詞彙采取不同的分類方法。意義分類的突出優勢就是能貫通古今中外,進行跨語言跨時代的對比研究。因此我們從意義分類這一角度來對行爲詞進行描寫。

根據意義,我們把行爲詞分爲兩大類:有生行爲詞和無生行爲詞。有生行爲詞是指表示有生物所發出的行爲和具有的狀態的詞語;無生行爲詞是表示無生物發生的變化和相對於參照物具有的關係的詞語。有些行爲詞既能用於有生物,又能用於無生物。比如"就",既能用於無生物做主語的語境:"同聲相應,同氣相求,水流濕,火就燥。"也能用於有生物做主語的語境:"汝等速嚴,當就王請。"表示無生物的詞語做主語的情況我們就歸入無生行爲詞,表示有生物作主語的情況我們就歸入有生行爲詞。有生行爲詞內部可以細分爲五類,分別是反映人生老病死這一生命過程的行爲詞,反映五官肢體所發出動作的行爲詞,反映人的內心活動的心理詞,反映衣食住行、對事物利用和改造等的生產生活詞,以及反映人際交往行爲的詞語。無生行爲詞包括反映自然運行的詞語,包括"有無、變化、關係範疇"等。

人在世界上的行爲涉及各個方面,我們從人的社會生活這個整體出發,將行爲詞析爲上述五類,每類中再進行細分。不過有時候類別之間會有交叉,如口部行爲的"告知"類和人際行爲也有交叉;心理行爲的"尊敬"類和人際行爲也有交叉。這是因爲生活是一個復雜關聯的整體，一個概念域往往包含很多要素，從不同的角度進行分類，自然會產生不同的類別。

二、展現歷史來源

漢語歷史詞彙學認爲，共時平面上的詞語是不同歷史時期產生的詞語的投射。我們希望在展現共時行爲詞系統的同時，也展現行爲詞內部歷史來源上的差異，即儘量溯源每一個詞語在傳世文獻中的始見例，確定其出現的時代，在每一小類的詞彙描寫中，按時間先後順序排列例句。

詞語在文獻中的始見例，我們藉助《漢語大詞典》（下面簡稱《詞典》）和《漢籍全文檢索系統》予以解決。我們先在《詞典》中檢索每一個詞的義項和書證，然後再視具體情況，輔以其他檢索手段。一般説來，如某個詞在《詞典》中的最早書證爲春秋以後，那麼我們再檢索其他文獻，儘量找出更早的書證。不過，限於時間和精力，我們一般將始見例儘量精確到時間段，如"西周及前""春秋""戰國""秦西漢""東漢"這幾個階段。有的詞《詞典》列出的書證較晚，我們以另外檢索到的最早用例爲準，並在描寫中用">"表示該書證的時代早於《詞典》所提供之書證的時代；有的詞《詞典》未收，我們用"—"表示；有的詞《詞典》義項下的第一條例證所引用的是學界有爭議的"僞書"或書證所代表的時間難於確定，或書证與釋義不相符合等，則另外檢索書證，並在描寫中用"○"表示。每一詞條的描寫方式是先列《詞典》中的意義，次爲《中本起經》中的例句，次爲歷史來源的例證，次爲該例證所代表的時代，"西周及前"簡寫作"西周"，"秦西漢"階段簡寫作"西漢"。有些詞條后面沒有列始見例，表明最早見于東漢，《中本起經》中的例子可作爲始見例。如"長大"條爲："成長爲大人。｜大愛道自育養我至于長大。(158c) │ (東漢)。"始見例所代表的時代沒有加符號標記的,説明我們查到的始見例和《詞典》中所引最早的例句處于同一個時間段。

語料代表時間的確定,主要以高小方和蔣來娣在《漢語史語料學》(2005)中的論述爲據。本書研究所使用的語料和語料代表的時代如下:

(1) 商代、西周語料:《今文尚書》中的"商書""周書",《周易》古經,《詩經》中的西周詩。①

(2) 春秋語料:《詩經》中的東周詩,《今文尚書》中的東周書,《易傳》《儀禮》《老子》《孫子》《論語》《春秋》《左傳》《國語》。

戰國語料:《禮記》《墨子》《司馬法》《吴子》《尉繚子》《孟子》《莊子》《孫臏兵法》《荀子》《韓非子》《管子》《晏子春秋》《吕氏春秋》《公羊傳》《穀梁傳》《孝經》《屈原賦》《宋玉賦》《景差賦》《爾雅》。

秦、西漢語料:陸賈《新語》、司馬遷《史記》、賈誼《新書》、董仲舒《春秋繁露》、劉安《淮南子》、桓寬《鹽鐵論》、劉向《新序》《説苑》、揚雄《法言》《方言》。

東漢語料不再單列,因爲若某詞的始見例在西漢及以前都未檢索到,那麼我們就直接認定其爲始見於東漢。

所引佛經均出自《大正新修大藏經》,其例句出處的格式爲T/n/p/abc,即册數(T)、經號(n)、頁碼(p)和每頁的上中下三欄(abc)。《中本起經》在《大正藏》的第4册,經號196,在引用時只寫出頁碼和欄數。在引用的例句中,我們把有所更正

---

① 高小方、蔣來娣在《漢語史語料學》中列了一些確定爲西周時代的《詩經》作品,并提示在確定作品時代的時候,當參考鄭玄《詩譜》以及歐陽修的《詩譜補亡》等。限於精力,我們没有參考,直接將作者没有明確指明時代的作品歸入《詩經》所代表的時代下限"春秋"。

的直接寫在句子裏，後面加〔〕，裏面寫上原誤字。字體有所不同實爲一詞的，在詞目一種形式後，加"（）"寫上其他形式。引例中，爲了意義的完整性或便於定位，有時候在句子前加"〔〕"，括號內爲上文已出現的詞語，如"來至"條中引例："〔季秋之月〕行春令，則暖風來至"，"季秋之月"爲上文已出現的詞語。

第二章　生命過程行爲

第一節　生命過程

一、出生成長婚嫁生子

生 3：出生。｜若終齋法，福應生天。（157a）｜若生子，罔不在厥初生。《尚書·召誥》｜（西周＞）

萌芽：種子破土開始生芽。｜三曰開發萌芽，萬物精榮。(150a)｜甘露既降，朱草萌牙。《漢書·東方朔傳》｜（西漢）①

開發：萌發。｜三曰開發萌芽，萬物精榮。(150a)｜（東漢一）

長：生長，成長。｜祠祀種禍根，日夜長枝條。（157a）｜本根猶樹，枝葉益長，本根益茂。《國語·晉語》｜（春秋）

長大：成長爲大人。｜大愛道自育養我至於長大。(158c)｜（東漢）

結實：結出果實或種子。｜結實華落，果熟離本。(160b)｜（東漢）

---

① 此例出自東方朔《非有先生論》，所以歸入西漢。

熟：成熟，植物的果實等完全長成。｜命如果待熟，常恐會零落。(160c)｜宰夫腼熊蹯不熟。《左傳·宣公二年》｜（春秋＞）

老：年歲大。｜老病死來，靡不分散。(148b)｜九二，枯楊生稊，老夫得其女妻。《易·大過》｜（西周）

衰：老。｜命如風過，少壯必衰。(161c)｜甚矣吾衰也！久矣，吾不復夢見周公。《論語·述而》｜（春秋）

嫁：女子結婚，出嫁。｜家困餉饋，欲奪更嫁。(160b)｜來嫁於周。《詩·大雅·大明》｜（春秋）

娶：娶妻。｜古昔有人居貧窮困，而其娶婦得富家女。(160a)｜姤，女壯，勿用取女。《易·姤》｜（西周○）

外交：婚外私通。｜情蕩外交，志溢邪趣。(157c)｜（東漢一）

二、生存死亡

活：生命存在。｜大道人尚活耶。(151b)｜播厥百穀，實函斯活。《詩·周頌·載芟》｜（西周）

存2：生命存在。｜大道人猶存耶！(150b)｜是故君子安而不忘危，存而不忘亡。《易·繫辭下》｜（春秋）

生1：生存。｜生無善行，死墮惡道。(161a)｜死生契闊，與子成說。《詩·邶風·擊鼓》｜（春秋）

生存：活着，活下去。｜恨吾生存不獲睹佛。(156b)｜夫聖人之於死尚如是其厚也，況當世而生存者乎。劉向《說苑·尊賢》｜（西漢）

臨終：將死。｜吾師臨終，囑授弟子。(154a)｜（東漢＞）

死：生命終止。｜生死往來，何緣得息。(147c)｜瞽不畏死，罔弗憝。《尚書·康誥》｜（西周）

亡：死亡。｜彼二人者，亡來七日。（147c）｜時日曷喪，予及汝皆亡。《尚書·湯誓》｜（西周）

亡〔巨〕命：死亡。｜幸恕不愛，亡〔巨〕命如何。（150b）｜（東漢—）

終亡：死亡。｜我生七日而母終亡。（158c）｜（東漢—）

長衰：死亡。｜彼人長衰，甘露當開，不得受聞。（147c）｜（東漢—）

過去：死亡。｜雖壽千年，亦死過去。（160c）｜（東漢＞）

零落：凋落。｜命如果待熟，常恐會零落。（160c）｜惟草木之零落兮，恐美人之遲暮。《楚辭·離騷》｜（戰國）

第二節 疾病治療

疾：病，病痛。｜若疾若亡，王當云何。（160b）｜既克商二年，王有疾，弗豫。《尚書·金縢》｜（西周）

病：指生物體發生不健康的現象。｜老病死來，靡不分散。（148b）｜子疾病，子路請禱。《論語·述而》｜（春秋）

病瘦：疾病。｜天下人民，皆當豫具衣被、飲食、臥床、病瘦醫藥。（159b）｜（東漢＞）

病困：病篤。｜正使人終身相給施衣被、飲食、臥具、病困醫藥，不及我此恩德也。（158c）｜今某病困，死。《史記·龜策列傳》｜（西漢＞）

得病：患病。｜其年七歲，得病便亡。（159c）｜知文王所以得病不起之狀。《史記·扁鵲倉公列傳》｜（西漢＞）

愈病：治病。｜南行取此美果，可用愈病。（150c）｜（東漢—）

第三章　五官肢體行爲

第一節　口部言説行爲

一、言説陳述回答

言：説。｜祇曰："國賢若悔便止。"答言："不悔。"（156c）｜格爾眾庶，悉聽朕言。《尚書·湯誓》｜（西周〇）

曰 1：説。｜佛而告曰："彼有精舍，容吾眾不？"對曰："未有。"（156b）｜王曰："嗚呼，疾大漸惟幾。"《尚書·顧命》｜（西周〇）

言語：説話，説。｜各莫跪起言語問訊也。（148a）｜君子以慎言語，節飲食。《易·頤·象傳》｜（春秋）

云：説。｜得奉清誨，其榮難云。（154a）｜人之云亡，心之悲矣。《詩·大雅·瞻卬》｜（春秋〇）

説：叙説，講述。｜佛説是法，五人未解。（148b）｜《象》曰：咸其輔頰舌，滕口説也。《易·咸·象傳》｜（春秋）

陳：陳述，述説。｜右繞三匝，禮畢自陳。（152b）｜臣嘗陳辭矣，心以守志，辭以行之。《國語·晉語》｜（春秋〇）

陳情：陳訴衷情。｜叉手直進，禮拜陳情。（161c）｜願陳情以白行兮，得罪過之不意。《楚辭·九章·惜往日》｜（戰國）

陳言：陳述言詞。｜頭面作禮，而自陳言。（163a）｜偶參

伍之驗以責陳言之實。《韓非子·備內》| （戰國）

　　叙2：發抒，叙談。| 執事自逼，是使乃心滯而不叙。（156a）| 東漢＞）

　　發聲：發出聲響。| 五百弟子俱發聲言願如大師。（151c）|〔仲春之月〕是月也，日夜分，雷乃發聲。《禮記·月令》|（戰國）

　　答：回話。| 中有神龍，性急妬惡。（150b）| 王再拜，興。答曰："眇眇予末小子。"《尚書·顧命》|（西周＞）

　　對：應答。| 何謂一事乃令不對乎？（162a）| 聽言則對，誦言如醉。《詩·大雅·桑柔》|（西周）

　　推應：回應，根據所追問而應對。| 推應坐者反覆至三，然後乃前。（154b）|（東漢—）

二、告知

　　告：告訴。| 吾欲詣波羅奈國，擊甘露法皷。（148a）| 予告汝於難。《尚書·盤庚》|（西周＞）

　　謂3：對……說。| 便謂須達："勿復足錢。"（156c）| 爾謂朕："曷震動萬民以遷？"《尚書·盤庚》|（西周）

　　語：告訴。| 佛語王曰：吾真是佛。（159b）| 公語之故，且告之悔。《左傳·隱公元年》|（春秋）

　　謝：告知。| 父王遠謝悉達，聞汝道成。（154b）| 君王后引椎椎破之，謝秦使曰："謹以解矣。"《戰國策·齊策六》|（戰國）

　　報1：報告。| 佛言大善報汝弟子。（151c）| 祭之日，王皮弁以聽祭報。《禮記·郊特牲》|（戰國）

　　白：告語，稟報。| 不識何妙，馳走白師。（150a）| 呂后妒，弗肯白。《史記·淮南衡山列傳》|（西漢）

白言：報告；稟告。｜憂陀白言七日當至。(155a)｜承間白言太后有女在長陵也。《史記·外戚世家》｜（西漢）

表白：告訴。｜法應遣使，表白供辦。(162a)｜（東漢一）

敕1：令，告。｜便敕市監，罷不作市。(161c)｜（東漢）

報敕：告。｜報敕園監："吾自戲言。"(156c)｜（東漢一）

告敕：告訴，命令。｜告敕門士不得通客。(163a)｜（東漢＞）

聞2：向君主報告。｜共嗤佛語，乃上聞於王。(160a)｜聞於上帝，帝休。《尚書·康誥》｜（西周＞）

啟：啟奏，稟告。｜欲啟一事，願見采省。(160b)｜今日願啟之以效。《商君書·開塞》｜（戰國）

報命：復命。｜王須消息，因誰報命。(154b)｜南略邛、笮、昆明，還報命。《史記·太史公自序》｜（西漢）

關白：報告。｜入出周旋，無所關白。(154b)｜（東漢）

通2：通報，傳達，告知。｜法應遣使表白供辦，云何得通。(162a)｜曹伯襄復歸於曹……其曰復，通王命也。《穀梁傳·僖公二十八年》｜（戰國）

彰告：彰明、告訴。｜唯願世尊，彰告未聞。(156a)｜（東漢○）

散告：傳授。｜願見示導，散告真言。(160a)｜（東漢一）

三、稱説

謂2：稱作，爲，是。｜何謂泥洹。(148b)｜上六，弗遇，過之。飛鳥離之，凶。是謂災眚。《易·小過》｜（西周）

曰2：叫作，爲。｜四曰入道。(148b)｜若棄德不讓，是廢先君之舉也，豈曰能賢。《左傳·隱公三年》｜（春秋○）

曰爲：稱作，是。｜二曰爲習。(148b)｜仲子生而有文在

其手，曰爲魯夫人。《左傳·隱公元年》｜（春秋）

稱2：述説，聲稱。｜何爲虛妄，自稱貴乎。（151c）｜子曰：有惡，惡稱人之惡者。《論語·陽貨》｜（春秋）

稱道：稱述。｜世尊所領，不可稱道。（154c）｜稱道往古，使良事沮，善禪其主，以集精微。《韓非子·説疑》｜（戰國）

名2：形容，稱説。｜是大沙門，妙化難名。（151b）｜蕩蕩乎，民無能名焉。《論語·泰伯》｜（春秋）

稱1：叫，稱呼。｜國人稱我給孤獨氏。（156b）｜邦君之妻，君稱之曰夫人，夫人自稱曰小童。《論語·季氏》｜（春秋）

名1：稱名，名字叫作。｜一名優波替。（153c）｜生穆公名之曰蘭。《左傳·宣公三年》｜（春秋>）

名曰：名字叫作。｜池上有樹，名曰迦和。（151b）｜莊公寤生，驚姜氏，故名曰寤生。《左傳·隱公元年》｜（春秋—）

字：名字叫作。｜夫人字末利。（160a）｜名余曰正則兮，字余曰靈均。（《楚辭·離騷》）｜（戰國）

字曰：名字叫作。｜故有梵志，字曰沙然。（153c）｜（東漢—）

字名：稱名。｜不識其根，各相字名。（153a）｜（東漢—）

號：稱號或取號。｜頃承釋子，端坐六年，道成號佛。（159b）｜未問其名，號之曰牛。《左傳·昭公四年》｜（春秋）

號爲：稱號爲……｜息心達本源，故號爲沙門。（153c）｜懼誅，乃謝病歸相印，號爲剛成君。《戰國策·秦策三》｜（戰國）

號曰：稱號叫作……｜吾有大師，號曰如來。（157a）｜孝公以爲相，封之於商，號曰商君。《戰國策·秦策一》｜（戰國）

四、呼喚宣揚議論

呼1：大聲喊叫。｜謂是龍火，舉聲悲呼。（150b）｜式號

式呼，俾晝作夜。《詩·大雅·蕩》｜（春秋）

呼 2：呼喚。｜呼使而曰："吾故遠至，以展不面。"（156a）｜處則靜，呼則應，可謂忠臣乎？《墨子·魯問》｜（戰國）

喚：呼叫。｜謂火害佛，悲喚哀慟。（150b）｜（東漢＞）

舉聲：放聲。｜謂是龍火，舉聲悲呼。（150b）｜出門，然後舉聲焉。《晏子春秋·外篇》｜（春秋＞）

默然：沉默不語貌。｜佛法默然已爲許可。（156a）｜宣王默然不說。《戰國策·齊策四》｜（戰國）

宣：宣布，公開說出。｜身賤口穢，不敢便宣如來尊言。（157c）｜昔君文王武王宣重光。《尚書·顧命》｜（西周○）

宣明：宣揚，闡明。｜天人龍鬼宣明法聲。（162c）｜宣明太皇太后威德於萬方。《漢書·王莽傳》｜（東漢）

宣暢：宣揚，傳布。｜普施法眼，宣暢三尊。（149c）｜（東漢）

宣陳：宣講陳說。｜非吾螢燭所能宣陳。（162c）｜（東漢＞）

開廣：宣明，傳揚。｜近在祇洹，開廣真言。（162c）｜（東漢一）

傳 1：傳說，傳聞。｜吾真是佛，世不虛傳。（159b）｜令吾間知之，而傳於敵。《孫子·用間》｜（春秋＞）

宣化：傳布教化。｜汝行宣化，往必有度。（153c）｜（東漢）

宣令：傳達命令。｜王即宣令欲見佛者聽。（155b）｜（東漢）

酬酢：談論，應對。｜直說法本，勿與酬酢，以致其嗤。（153c）｜顯道神德行，是故可與酬酢，可與祐神矣。《易·繫辭上》｜（春秋）

議：謀度，商議。｜議合心同，嚴辦當發。（154a）｜擬之

而後言，議之而後動。《易·繫辭上》｜（春秋）

論：叙説，説。｜廣論迦葉大行齊聖。(161a)｜六合之内，聖人論而不議。《莊子·齊物論》｜（戰國）

論議：對人或事物的好壞、是非等表示意見。｜往詣阿難祁祁家，論議事訖，問須達。(162c)｜父兄相睹樹下，論議玄語，終日不歸。《管子·輕重丁》｜（戰國）

諍：爭訟，爭論。｜二人共諍。(156c)｜（東漢○）

囑授：囑託，託付。｜吾師臨終，囑授弟子，令吾成濟。(154a)｜（東漢一）

戲言：開玩笑説。｜價高，子必不及，戲言決耳。(156b)｜周公對曰："臣聞之，天子無戲言。"《吕氏春秋·重言》｜（戰國）

言不及義：説話不涉及正經道理。｜汝輩妖蠱，言不及義。(157c)｜群居終日，言不及義。《論語·衛靈公》｜（春秋）

五、詢問闡釋

問：詢問，詰問。｜優呼問佛瞿曇如行。(148a)｜皇帝清問下民。《尚書·吕刑》｜（西周）

顧問：咨詢，詢問。｜顧問從者：此何大夫。(157a)｜桓公乃北伐令支，下鳧之山，斬孤竹，遇山戎，顧問管仲曰："將何行？"《管子·大匡》｜（戰國＞）

推問：訊問，追問。｜王教推問：吾望憂陀如渴欲飲，何故稽停方白求通。(154b)｜（東漢＞）

質：詢問，就正。｜婦重質之：何從齋來。(156c)｜鐸之諫我也，喜質我於人中，必使我醜。《吕氏春秋·達鬱》｜（戰國＞）

責2：詰問。｜明日尼揵共詣長者，深責所以。(153b)｜

天子果以湯懷詐面欺，使使八輩簿責湯。《史記·酷吏列傳》｜（西漢）

詰問：追問，責問。｜詰問理窮，任實首情。（157b）｜（東漢）

訟問：查問質問。｜比丘尼不得訟問比丘僧事。（158c）｜（東漢—）

請3：詢問。｜欲請一事，願蒙授解。（162a）｜賓牟賈起，免席而請曰："夫武之備戒之已久，則既聞命矣，敢問遲之遲而又久，何也？"《禮記·樂記》｜（戰國）

啟請：開口詢問，請教。｜吾欲啟請，窮微反真。（154a）｜（東漢>）

請啟：詢問，請教。｜請啟所聞［問］，驗世狂惑。（160a）｜（東漢—）

問訊：問候，慰問。｜汝持吾聲問訊瞿曇。（160a）｜（東漢）

闡：闡發，闡明。｜推逐邪道，廣闡佛法。（158a）｜彰往而察來，而微顯闡幽。《易·繫辭下》｜（春秋>）

解3：解釋，講解。｜欲請一事，願蒙授解。（162a）｜王無患焉……賈請見而解之。《孟子·公孫丑下》｜（戰國）

分部1：逐條分析講解。｜不斷分部，五人便解。（148b）｜（東漢—）

六、言語態度

美：稱美，讚歎。｜爲實爾不？是世所美乎。（159b）｜公曰：吾屬欲美之。《國語·魯語》｜（春秋>）

譽：稱讚，讚美。｜士有信行，爲聖所譽。（161a）｜吾之於人也，誰毀誰譽？《論語·衛靈公》｜（春秋）

讚：讚美。｜佛知母人一切心念，讚言善哉。（155b）｜（東漢＞）

稱讚：讚揚。｜合此人數，稱讚如來，彌盡竟劫，不宣其德。（155a）｜（東漢＞）

稱傳：稱讚傳頌。｜人行仁義，現世稱傳，後得生天。（162b）｜（東漢）

歎：爲美好之事物而感歎。｜同聲歎曰："久承令懿。"（157a）｜顏淵喟然歎曰："仰之彌高，鑽之彌堅。"《論語·子罕》｜（春秋）

賀：相慶，祝賀。｜王升車已，群臣跪賀。（153b）｜受天之祜，四方來賀。《詩·大雅·下武》｜（春秋）

譖：讒毀，誣陷。｜譖人無厭。（157b）｜浸潤之譖，膚受之愬。《論語·顏淵》｜（春秋）

誹謗：以不實之辭毀人。｜不當殺害於命，不當誹謗有道。（153a）｜大王若以此不信，則小者以爲毀訾誹謗，大者患禍灾害死亡及其身。《韓非子·難言》｜（戰國）

謗毀：以言語相攻擊或嘲諷醜化。｜加行謗毀，忘失人本，還入惡道。（162c）｜富貴不能榮，謗毀不能傷也。《鹽鐵論·貧富》｜（西漢○）

嗤：譏笑，嘲笑。｜勿與酬酢以致其嗤。（153c）｜見人謙讓，因而嗤之；見人恭敬，因而傲之。《潛夫論·德化》｜（東漢○）

勸：勸導，勸說。｜未聞勸人爲福損而無益也。（162b）｜柔遠能邇，安勸大小庶邦。《尚書·顧命》｜（西周）

諫：諫諍，規勸。｜時諫師者，舍利弗是也。（163b）｜事父母幾諫。《論語·里仁》｜（春秋）

誘：引誘，誘惑。｜何故誘他妓女。（148c）｜有女懷春，吉士誘之。《詩·召南·野有死麕》｜（春秋）

責 1：譴責，責備。｜五百弟子，同聲責師。（150b）｜文姜通於齊侯，桓公聞，責文姜。《管子·大匡》｜（戰國）

自責：責備自己。｜城內母人，各生善念，悲泣自責。（155b）｜於是公子立自責，似若無所容者。《史記·魏公子列傳》｜（西漢—）

第二節　耳鼻喉目首行爲

一、耳鼻喉部位行爲

聽 1：以耳受聲。｜昨夜四天王來聽説法，是其光耳。（151a）｜三曰視，四曰聽。《尚書·洪範》｜（西周〇）

聞 1：指聽説，知道。｜吾昔從佛聞如是。（147c）｜我聞曰："怨不在大，亦不在小。"《尚書·康誥》｜（西周>）

聽受：聽取。｜帝釋來下聽受經法。（151a）｜（東漢—）

承 1：聞。｜近承釋尊，道成號佛。（152a）｜（東漢—）

諦受：仔細聽取。｜若佛有教，汝諦受之。（160a）｜（東漢—）

諦聽：注意地聽，仔細聽。｜又有教授示現，比丘諦聽。（152a）｜（東漢>）

嗅：用鼻子辨別氣味。｜鼻嗅香臭，心當制伏，情無所著。（152c）｜子路共之，三嗅而作。《論語·鄉黨》｜（春秋）

噎：咽喉梗塞。｜汝往難沙門瞿曇一事，當令如噎。（162a）｜行邁靡靡，中心如噎。《詩·王風·黍離》｜（春秋）

噓唏：哽咽，抽泣。｜周悵遍求，噓唏並泣。（149a）｜紛屯澹淡，噓唏煩醒。《文選·七發》｜（西漢）

二、眼部行爲

視：看。｜舉頭視佛，見相知尊。（150b）｜九二：眇能視，不足以有明也。《易·履》｜（西周）

觀：觀看，觀覽。｜汝觀吾身，何如樹下。（148a）｜君子至止，言觀其旂。《詩·小雅·庭燎》｜（春秋）

瞻：看，望。｜恭肅盡虔，遙瞻如來。（157a）｜實函斯活，或來瞻女。《詩·周頌·良耜》｜（西周）

望3：遠視，遙望。｜遙望彼樹，想有流泉。（156c）｜誰謂宋遠，跂予望之。《詩·衛風·河廣》｜（春秋）

延望：遠望等候。｜比丘承教，延望其眾。（154a）｜（東漢＞）

瞻候：觀察，相視。｜迦葉弟子，直起瞻候，見佛光明。（150b）｜（東漢）

察1：觀察。仔細察看。｜今察民心，普注迦葉。（150a）｜仰以觀於天文，俯以察於地理。《易·繫辭上》｜（春秋）

省：探望，問候。｜共出詣佛，並省寶稱。（149b）｜冬溫而夏清，昏定而晨省。《禮記·曲禮上》｜（戰國）

熟觀：仔細觀看。｜恨不熟觀，何緣復見。（150b）｜（東漢）

仰觀：抬頭看。｜仰觀足跡處在空中。（155a）｜仰觀刻桷，畫龍蛇些。《楚辭·招魂》｜（戰國＞）

顧1：回首，回視。｜顧無所使，自提而行。（156c）｜顧瞻周道，中心怛兮。《詩·檜風·匪風》｜（春秋）

反顧：回頭看。｜迦葉反顧，忽不見佛。（150c）｜乘鄂渚而反顧兮，欸秋冬之緒風。《楚辭·九章·涉江》｜（戰國）

顧視：轉視，回視。│若王瓶沙，顧視從者。（152b）│周顧視車轍中，有鮒魚焉。《莊子·外物》│（戰國＞）

顧望：還視，巡視。│怪而顧望，遥見世尊。（150a）│侍於君子，不顧望而對，非禮也。《禮記·曲禮下》│（战国）

旋顧/還顧：回頭看。│禮畢旋顧，奄便更冥。（156a）│即入見辭去，疾步數還顧。《史記·滑稽列傳》│（西漢）

見1：看見，看到。│五人遥見佛來。（148a）│行其庭，不見其人。《易·艮》│（西周）

睹：看見，觀看。│天地大冥，唯睹小光。（149a）│故兵聞拙速，未睹巧之久也。《孫子·作戰》│（春秋＞）

顧見：看見。│方向城門，顧見城左，有神祠舍。（156a）│方將杖拏而引其船，顧見孔子，還鄉而立。《莊子·漁父》│（戰國＞）

瞻睹：觀看，看見。│瞻睹尊妙，驚喜交集。（148a）│（東漢＞）

視聽：看和聽。│今得視聽，是大師恩。（151c）│其君在會，步言視聽，必皆無謫。《國語·周語》│（春秋○）

聞見：耳所聞，目所見。│比丘尼不得訟問比丘僧事，以所聞見。（158c）│猶然而材劇志大，聞見雜博。《荀子·非十二子》│（戰國）

聞睹：偏指目睹。│威儀庠雅，未曾聞睹。（153c）│（東漢）

泣：無聲流淚或低聲而哭。│周憚遍求，嘘唏並泣。（149a）│六三得敵，或鼓或罷，或泣或歌。《易·中孚》│（西周）

垂淚：流淚。│垂淚扠眼，而作頌。（150b）│愁思無已，歎息垂淚。《高唐賦》│（戰國）

涕淚：哭泣。│五百弟子，信龍爲害，莫不涕淚。

（150b）│（東漢）

　　泣淚：流眼淚。│眾女驚怖泣淚悔過。（158a）│（東漢）
　　流淚：流眼淚。│王聞是語，即復流淚。（154b）│（東漢—）
　　墮淚：掉下眼淚。│王即墮淚。（154b）│（東漢＞）
　　揮淚：擦拭淚水。│王即離席，揮淚對曰："國大夫人，背棄天下。"（160b）│（東漢—）
　　悲啼：哀傷啼哭。│身體疲勞，噓唏悲啼。（158b）│（東漢＞）
　　眴：看，眨眼。│謂是天人，其目復眴。（150a）│眴兮杳杳，孔靜幽默。《楚辭·九章·懷沙》│（戰國）
　　相：用觀察面貌、形體來推測人的命運。│阿夷相言：佛不出家。（155c）│予乃胤保，大相東土。《尚書·洛誥》│（西周＞）

三、首部行爲

　　稽首：叩頭至地，是九拜中最恭敬者。│自知無道，即稽首言。（151c）│周公拜手稽首曰：王命予來。《尚書·洛誥》│（西周＞）
　　叩頭：以頭叩地。舊時爲最鄭重的一種禮節。│叩頭於地，願見矜恕。（149a）│故來服過，叩頭受罪大王。《史記·滑稽列傳》│（西漢）
　　低頭：垂下頭。│端意低頭，勿妄顧視。（161b）│色若死灰，據軾低頭，不能出氣。《莊子·盜跖》│（戰國）
　　舉頭：抬頭。│舉頭視佛，見相知尊。（150b）│（東漢—）
　　仰頭：抬頭。│諸比丘仰頭喜悅。（152a）│（東漢—）

第三節　四肢行爲

一、身軀行爲

立1：站立。｜徒跣而立，顔面垢穢。（158b）｜一人冕，執劉，立於東堂。《尚書·顧命》｜（西周）

住1：站立。｜前禮佛足，却住一面。（149a）｜（東漢—）

小住：稍停。｜阿難言小住①且待我今入問之。（159a）｜（東漢＞）

坐：人的止息方式之一。古人席地而坐，坐時兩膝着地，臀部壓在脚跟上。椅、凳出現後，凡將臀部着於椅凳，以支持身體的重量者皆爲坐。｜迦葉未到，已坐其床。（150c）｜執羞者坐行而入，執鈹者夾承之。《左傳·昭公二十七年》｜（春秋）

端坐：安坐，正坐。｜閉目端坐。（148a）｜因端坐援琴，聽而寫之。《史記·樂書》｜（西漢＞）

起1：起立，站起。｜方起欲行。（147c）｜降逆之，大夫皆起。《左傳·襄公二十三年》｜（春秋＞）

踊：向上跳，跳躍。｜五人身踊。（148a）｜私屬徒七百人，三踊於幕庭。《左傳·哀公八年》｜（春秋）

踊身：跳躍。｜踊身赴火，清凉和調。（150b）｜（東漢＞）

轉側：向側轉動，翻轉。｜五情內騷，轉側不寐。（156a）｜（東漢）

---

① 原作"阿難言小且……"，脫"住"字。《大愛道比丘尼經》與此品蓋爲同經異譯，相應的表達爲："阿難言：'小住且待，須我問之。'""小住，待……"在魏晉佛經中常見，"小且"當爲脫漏"住"字而誤，今補入引例。

蹎：跌倒，絆倒。｜城門自閉，車馬俱蹎。（152a）｜杜回蹎而顛，故獲之。《左傳·宣公十五年》｜（春秋）

二、手部行爲

指：用手指指着。｜佛指靖室此復何室？（150b）｜蝃蝀在東，莫之敢指。《詩·鄘風·蝃蝀》｜（春秋）

舉手：抬起手或手臂。｜樹神即舉手，眾味流溢。（157a）｜擯者舉手曰：諸反位。《大戴禮記·諸侯遷廟》｜（戰國）

取：拿。｜諸妓女輩，捨王取華。（148c）｜出取幣，乃復入，錫周公。《尚書·召誥》｜（西周）

持2：拿着，握住。｜明旦持鉢，詣斯奈門。（149c）｜使針禦持矛。《左傳·成公十六年》｜（春秋>）

奉2：捧着。｜却從步涉中路有人，奉酪一瓶。（156c）｜祝迎尸，一人衰絰奉筐。《儀禮·士虞禮》｜（春秋>）

提：懸持，拎起。｜顧無所使，自提而行。（156c）｜范蠡乃左提鼓，右援枹。《國語·越語》｜（春秋○）

舉1：雙手托物使之向上。｜各各舉斧皆不得下。（151b）｜故舉秋毫，不爲多力。《孫子·軍形》｜（春秋>）

牽：拉，挽。｜其樹曲下就佛，佛牽出池。（151b）｜肇牽車牛，遠服賈，用孝養厥父母。《尚書·酒誥》｜（西周）

攀持：抓住物體向上。｜當出無所攀持。（151b）｜（東漢—）

拖拽：牽引。拉扯。｜鬼師奉敕，撾打尼揵，拖拽器物。（153b）｜（東漢>）

拽出：拉拖出去。｜王怒隆盛，遣人拽出。（157c）｜（東漢—）

拔1：抽出，拽出。｜王拔佩劍，削其兩臂。（148c）｜潁考叔挾輈以走，子都拔棘以逐之。《左傳·隱公十一年》｜（春

秋)

塗：塗抹。｜栴檀蘇合，以塗子身。（154c）｜若作室家，既勤垣墉，惟其塗墍茨。《尚書·梓材》｜（西周＞）

伐：砍斫。｜唯有伐樹，根僻枝從，食果必矣。（150a）｜蔽芾甘棠，勿翦勿伐。《詩·召南·甘棠》｜（春秋）

削：用刀斜切。｜王拔佩劍，削其兩臂。（148c）｜築之登登，削屢馮馮。《詩·大雅·綿》｜（春秋）

截：斷，割斷。｜又截其耳鼻。（148c）｜夫吳干之劍，肉試則斷牛馬，金試則截盤匜。《戰國策·趙策三》｜（戰國）

刺：以劍矛之刃向前直戳。｜即便刺婦，還復自刺。（160b）｜抽劍刺王。《左傳·昭公二十七年》｜（春秋＞）

擊：打，敲打。｜吾欲詣波羅奈國，擊甘露法皷。（148a）｜擊鼓其鏜。《詩·邶風·擊鼓》｜（春秋）

撾打：毆打。｜鬼師奉敕，撾打尼揵，拖拽器物。（153b）｜（東漢＞）

打撲：用手或器物敲打，毆打。｜皆以火爐，打撲迦羅，舉身焦爛。（158a）｜（東漢＞）

縛置：捆綁到。｜王怒隆盛，遣人拽出，縛置殿前。（157c）｜（東漢—）

縛着：綁縛。｜久在恩愛獄，縛着名色械。（149a）｜（東漢—）

扙眼：擦眼睛。｜垂淚扙眼而作頌。（150b）｜（東漢—）

結爲：集聚在一起編成。｜結爲珠瑤。（159a）｜（東漢—）

三、腿足行爲

跪：屈膝，單膝或雙膝着地，臀部抬起。｜王升車已，群臣跪賀。（153b）｜首隊於前，跪而戴之。《左傳·襄公十八

年》｜（春秋＞）

长跪：直身而跪。跪则伸直腰股，以示庄敬。｜变毕叉手，长跪白佛。(152b)｜秦王色挠，长跪而谢之。《战国策·魏策四》｜（战国）

跪拜：屈膝下拜，磕头。｜过往跪拜，礼毕旋顾。(156a)｜信常过樊将军哙，哙跪拜送迎。《史记·淮阴侯列传》｜（西汉）

徒跣：赤足。｜徒跣而立，颜面垢秽。(158b)｜亲始死，雞斯徒跣。《礼记·问丧》｜（战国）

举足：提脚，跨步。｜佛者至尊，举足中间，福佑难量。(156b)｜再三举足，又趋。《仪礼·聘礼》｜（春秋）

蹈：踩，践踏。｜足若蹈地，其实在空。(155a)｜犯白刃，蹈煨炭。《战国策·秦策一》｜（战国○）

第四节　躯体位移行为

一、反映位移方式的行为

行2：行走。｜顾无所使，自提而行。(156c)｜来归自鎬，我行永久。《诗·小雅·六月》｜（西周＞）

步：步行，用脚走。｜见佛及僧足步其地。(155a)｜王朝步自周，则至于豐。《尚书·召诰》｜（西周）

步涉：行走。｜唯从妓女，步涉山顶。(148c)｜坐旃茵之上，案图籍之言若易然，亦不知步涉之难也。《盐铁论·取下》｜（西汉）

走：疾趋，奔跑。｜惊走趣户，户辄自开。(149a)｜今尔奔走臣我监五祀。《尚书·多方》｜（西周＞）

馳：急速運行。｜不識何妙，馳走白師。（150a）｜載馳載驅，周爰咨諏。《詩・小雅・皇皇者華》｜（春秋＞）

赴行：奔赴，快速前往。｜赴行應會，事訖馳還。（156c）｜（東漢—）

踟躕：徘徊不前貌，緩行貌。｜須達踟躕殊久。（156a）｜愛而不見，搔首踟躕。《詩・邶風・靜女》｜（春秋）

彷徉：周遊，遨遊。｜迦葉晡時，彷徉見池怪而問佛。（151a）｜彷徉無所倚，廣大無所極些。《文選・招魂》｜（戰國）

飛：（鳥、蟲等）鼓動翅膀在空中活動。｜飛從東來，没佛坐前。（152b）｜飛鳥遺之音，不宜上，宜下。《易・小過》｜（西周）

飛行：指人或禽類、飛行器等在空中運動。｜四諦神足，參駕飛行。（154c）｜毛羽者，飛行之類也。《淮南子・天文訓》｜（西漢）

度水：從水中過。｜渡水見子寶屨脱置岸邊。（149b）｜燕師聞之，度（渡）水而解。《史記・司馬穰苴列傳》｜（西漢＞）

二、反映位移方向的行爲

1. 離開出發

以自己原來的位置爲參照，主體由近及遠。

行1：去，離開，往。｜念已欲行。（147c）｜將行，以其族適晉。《國語・晉語二》｜（春秋）

去1：離開。｜得此不樂，必自去矣。（148a）｜上九：渙其血，去逖出。《易・渙》｜（西周○）

委去：委棄離去，不顧而去。｜不如委去更求其安。（153b）｜（東漢＞）

別去：離開。｜繞佛三匝，於是別去。(149c)｜（東漢—）

舍2：離開。｜可勿復愁，已得舍家之信。(159a)｜吾舍魯何適矣。《禮記·禮運》｜（戰國）

發2：出發，起程。｜議合心同，嚴辦當發。(153c)｜在我闥兮，履我發兮。《詩·齊風·東方之日》｜（春秋）

出5：自內而外，與"入""進"相對。｜龍從窟出，吐毒繞佛。(150b)｜諸侯出廟門俟。《尚書·顧命》｜（西周>）

走出：走着從某地出來。｜婆羅門不解，走出祇洹。(160a)｜乃走出，至門，公召管仲。《管子·大匡》｜（戰國）

奔出：跑出。｜迦葉師徒，驚共奔出。(150b)｜（東漢—）

馳出：跑出來。｜聞歎佛尊，馳出求索。(163a)｜（東漢—）

飛出：飛離。｜鸚鵡受敕，飛出其家。(162a)｜（東漢—）

限：以……爲界，出，離開。｜車馬人從限四十里。(155a)｜（東漢—）

出入：出進。｜導從鹵簿，壹准聖王出入法則。(155a)｜或出入風議，或靡事不爲。《詩·小雅·北山》｜（春秋）

2. 來還

來還類，是以自身爲參照或自身原來的位置爲參照，他物或自身由遠及近。行到目的地就是"到達"。帶"入、至、到"的複合詞都是到達目的地。

來：由彼及此，由遠到近。與"去""往"相對。｜五人遙見佛來。(148a)｜出入無疾，朋來無咎。《易·復》｜（西周）

來入：進來，來到。｜大愛道聞佛從諸弟子來入國中，心大歡喜。(158b)｜來入咸陽，聞秦人愛小兒即爲小兒醫。《史記·扁鵲倉公列傳》｜（西漢）

來至：來到。｜卿聞瞿曇來至此不。(162a)｜〔季秋之月〕行春令，則暖風來至。《禮記·月令》｜（戰國）

還：返回。｜王解迷止，辭退還宮。(149a)｜兹既受命還。

《尚書·顧命》│（西周＞）

歸2：返回。│瓶沙歸宮，教敕宮內奉齋持戒。(153b)│王歸自克夏，至於亳。《尚書·湯誥》│（西周○）

旋還：返回。│迦葉旋還。(150c)│（東漢一）

來還：回來。│今使來還，何得自外詣門求通耶。(154b)│申叔時使於齊來還，獨不賀。《史記·陳杞世家》│（西漢）

還至：回到。│於是憂陀耶，還至舍夷，詣宮求通。(154b)│師還至，則以王如廬，廬戢黎殺二子而復王。《國語·楚語上》│（春秋）

還到：返回，回到。│佛與比丘，還到舍衛。(158a)│騫還到，拜爲大行，列於九卿。《史記·大宛列傳》│（西漢）

3. 去往

以他物的位置爲參照，主體由遠及近。

適：去，往。│猥將大眾，來適飢國。(162a)│盤庚遷於殷，民不適有居。《尚書·盤庚》│（西周＞）

之：往，至。│道士何來？今欲所之。(157a)│百爾所思，不如我所之。《詩·鄘風·載馳》│（春秋）

逝：往，去。│人命如是，逝者不還。(160c)│毋逝我梁，毋發我笱。《詩·邶風·谷風》│（春秋）

赴：投入，跳進。│踊身赴火，清涼和調。(150b)│視卒如嬰兒，故可與之赴深溪。《孫子·地形》│（春秋＞）

過3：前往。│施訖還宮，過肆取香。(157b)│子之歸，不我過。《詩·召南·江有汜》│（春秋）

過往：前往。│過往跪拜，禮畢旋顧，奄便更冥。(156a)│（東漢一）

詣2：前往。│吾欲詣波羅奈國。(148a)│張武等六人乘傳詣長安。《史記·孝文本紀》│（西漢）

行詣：走訪，拜謁，前往。│行詣樹王祠處，請佛及僧。

(153b) |（東漢＞）

趣1：快走向。｜於時如來，便詣波羅奈國古仙人處鹿園樹下，趣彼五人。（148a）｜蹶而趨之，唯恐弗及。《國語·越語》｜（春秋）

延趣：前往。｜延趣坐前，頭面禮佛。（154a）｜（東漢—）

移近：靠近。｜後日世尊移近迦葉，坐一樹下。（151a）｜（東漢—）

向2：來到。｜方向城門，顧見城左。（156a）｜（東漢—）

轉到：輾轉到達。｜佛行轉到那私縣。（158b）｜（東漢—）

行到：走到。｜是時大愛道瞿曇彌，行到佛所。（158a）｜（東漢—）

去至：到達。｜過拔耆國界度人民，去至維耶離。（161b）｜何去至界上，臨浿水。《史記·朝鮮列傳》｜（西漢）

就席：入席。｜佛命令坐，受教就席。（152b）｜公揖卿大夫，乃升就席。《儀禮·燕禮》｜（春秋）

就坐：入席。｜瓶沙大喜，即退就坐。（152b）｜秦王變色長跪曰："先生就坐，寡人喻矣。"《說苑·奉使》｜（西漢＞）

往來：來去，往返。｜恒遣青衣，往來佛所。（157c）｜憧憧往來，朋從爾思。《易·咸》｜（西周）

往返：來回，來去。｜至道無往返，玄微清妙真。（148c）｜（東漢）

4. 到達進入

到：至，來到。｜如來忽到，迦葉大喜。（150a）｜蹶父孔武，靡國不到。《詩·大雅·韓奕》｜（春秋）

極1：至，到達。｜佛南行極閻浮提界取果蒴勒。（150c）｜豈敢憚行，畏不能極。《詩·小雅·綿蠻》｜（春秋）

入1：進入，由外至內。｜將諸妓女，入山遊戲。（148c）｜

上六，入於穴。《易·需》｜（西周○）

入2：達到（某種境界），趨於（某種狀況）。｜解彼四諦，稍入道跡。(148b)｜（東漢＞）

入出：進出。｜入出周旋，無所關白。(154b)｜（東漢一）

遷入：轉移到。｜拔愛除有，遷入泥洹。(149c)｜（東漢一）

5. 經過

道過：途經，經過。｜道過一水，水名波羅奈。(160b)｜（東漢一）

路由：經過。｜路由一水，名阿樓那。(155a)｜（東漢一）

6. 上下旁行

(1) 進退

進：前進，向前。｜詣門下車，叉手直進。(161c)｜六三：觀我生進退。《易·觀》｜（西周）

前：向前行進，前去。｜諸女心悅，皆前作禮。(148c)｜孔子下車而前見謁者。《莊子·盜跖》｜（戰國）

進前：向前。｜迦葉進前，頭面作禮。(161a)｜馬退而却，策不能進前也。《韓非子·外儲說》｜（戰國）

退：退却，後退。｜莫不肅然，禮佛而退。(154a)｜上六：羝羊觸藩，不能退，不能遂。《易·大壯》｜（西周）

退入：退回到。｜退入後堂，告敕門士。(163a)｜（東漢）

却1：退，使退。｜前禮佛足，却住一面。(149a)｜天下有道，却走馬以糞。《老子·四十六章》｜（春秋＞）

逡巡：却行，恭順貌。｜五心禮足，逡巡恭住。(156a)｜趙盾逡巡北面再拜稽首。《公羊傳·宣公六年》｜（戰國）

(2) 上下

升：登，登上。｜從人七千，嚴畢升車。(152a)｜九三：伏戎於莽，升其高陵，三歲不興。《易·同人》｜（西周）

登：升，上。｜登山越領，困苦疲極。(148a)｜上六：不明晦。初登於天，後入於地。《易·明夷》｜（西周）

上：升，由低處到高處。｜欲上船不。（151b)｜《象》曰：雲上于天。《易·需·象傳》｜（春秋）

飛升：往上飛，往上升。｜飛升虛空，出沒七反。(152b)｜（東漢—)

越：度過，跨過。｜登山越領，困苦疲極。(148a)｜亡不越竟，反不討賊。《左傳·宣公二年》｜（春秋＞)

下：降下，降落。｜第七梵天又下聽法。(151a)｜翩翩者雛，載飛載下。《詩·小雅·四牡》｜（春秋＞)

來下：來臨，降臨。｜時日舍利弗，從天來下。(163b)｜公尸燕飲，福祿來下。《詩·大雅·鳧鷖》｜（春秋)

下降：降下。｜是大沙門，威神感動天梵下降。(151a)｜赴江湘之湍流兮，順波湊而下降。《楚辭·九嘆》｜（西漢)

墮墜：跌落。｜踊住虛空，而不墮墜，身出水火，升降自由。(152a)｜（東漢＞)

升降：上升下降。｜身出水火，升降自由。(152a)｜居喪之禮……升降不由阼階，出入不當門隧。《禮記·曲禮上》｜（戰國)

(3) 環繞

避：躲開，回避。｜不避寒暑，年耆根熟，永無髦髯。(152b)｜死不可避，吾將伏以俟命。《國語·晉語》｜（春秋＞)

遶：環繞。｜如是至三，佛不肯聽。便前作禮，繞佛而去。(158a)｜繞以渤海。《莊子·説劍》｜（戰國＞)

迴匝：環繞。｜迴匝三界，濟度群生。(160c)｜（東漢)

展轉：遊移盤桓，流轉遷徙。｜展轉五道無有休止。(153a)｜（東漢)

周旋：來往。｜入出周旋，無所關白。(154b)｜（東漢—)

第四章　心理行爲

第一節　心情感受

一、喜樂舒適

快：高興，愉快。｜令其七日不現，快乎。（151b）｜我心不快。《易·旅》｜（西周）

樂2：快樂。｜恩愛爲樂爲憂悲乎。（160a）｜兄弟既具，和樂且孺。《詩·小雅·常棣》｜（西周）

樂1：樂於，樂意。｜白净王子，福應聖王，不樂榮位，當得作佛。（150a）｜是以天下樂推而不厭。《老子·六十六章》｜（春秋＞）

歡：快樂，喜悦。｜忽然不見，衆失所歡。（149b）｜公功肅將祗歡。《書·洛誥》｜（西周）

喜：高興。｜瞻睹尊妙，驚喜交集。（148a）｜既見君子，云胡不喜。《詩·鄭風·風雨》｜（春秋）

悦：喜悦。｜諸女心悦，皆前作禮。（148c）｜怒可以復喜，愠可以復悦。《孫子·火攻》｜（春秋）

踊躍：歡欣鼓舞貌。｜佛爲説法，歡喜踊躍。（162c）｜擊鼓其鏜，踊躍用兵。《詩·邶風·擊鼓》｜（春秋）

踊逸：歡喜。｜虛心踊逸，哀矜群庶。（152a）｜（東漢）

快喜：高興。｜情有二喜：一者遇佛解喜、二者離愛快喜。（149b）｜（東漢—）

快樂：感到幸福或滿意。｜榮位尊豪，快樂如意。（161c）｜（東漢＞）

喜樂：歡樂。｜乃覺非常，甚可喜樂。（161c）｜且以喜樂，且以永日。《詩·唐風·山有樞》｜（春秋＞）

喜悅：高興。｜見者喜悅。（147c）｜成湯討桀而夏民喜悅。《吳子·圖國》｜（戰國）

喜踊：歡喜跳躍，形容極度高興。｜吾心喜踊。（157c）｜（東漢＞）

喜躍：歡欣踊躍。｜美音喜躍，宿行所追亘解欲行。（157a）｜（東漢＞）

歡喜：快樂，高興。｜皆前受戒，歡喜而退。（153b）｜秦人歡喜，趙人畏懼。《戰國策·中山策》｜（戰國）

歡心：喜愛高興。｜今佛所教敕八敬法者，我亦歡心。（159a）｜斯之來使，以奉秦王之歡心。《韓非子·存韓》｜（戰國）

欣悅：喜悅。｜旋還精舍，欣悅無量。（153c）｜（東漢）

欣樂：歡樂。｜大化普濟，靡不欣樂。（153b）｜（東漢）

愛樂：愛悅，喜愛。｜豈不愛樂頭首受耶。（159a）｜廣寬緩不苛，士以此愛樂為用。《史記·李將軍傳》｜（西漢）

盡歡：盡情歡樂。｜與王共坐，娛樂盡歡，送王還宮。（161b）｜（東漢＞）

快意：恣意所欲。｜趣欲快意。（152c）｜快意而喪君，犯刑也。《國語·晉語三》｜（春秋）

如意：符合心意。｜榮位尊豪，快樂如意。（161c）｜（東漢＞）

慶賴：慶幸得到依靠。｜天人雜類，慶賴遇時。（152a）｜

（東漢＞）

　　驚喜：又驚又喜。｜聞寶稱己作沙門，驚喜毛竪。(149b)｜（東漢＞）

二、憂悲惱怒驚恐

（一）憂悲

　　憂：憂愁。｜斷貪捨利求，無復往來憂。(148b)｜豐，亨，王假之，勿憂。《易·豐》｜（西周＞）

　　愁：憂愁。｜可勿復愁。(159a)｜哀而不愁，樂而不荒。《左傳·襄公二十九年》｜（春秋）

　　慘：憂愁，悲慘。｜阿耆達聞佛聖德，五情內慘。(162c)｜舒夭紹兮，勞心慘兮。《詩·陳風·月出》｜（春秋）

　　騷：憂愁。｜五情內騷，轉側不寐。(156a)｜離騷者，猶離憂也。《史記·屈原賈生列傳》｜（西漢）

　　惆悵：傷感，懊惱。｜惆悵屏營，乃復於彼。(149b)｜惆悵兮而私自憐。《楚辭·九辯》｜（戰國）

　　憒：憂思昏亂。｜所思未周，意憒不樂。(156c)｜文倦於事，憒於憂而性懧愚。《戰國策·齊策四》｜（戰國）

　　愁憒：憂悶煩亂。｜有何愁憒，顏色憔悴。(160a)｜湯風至而含熱兮，群生悶滿而愁憒。《旱雲賦》｜（西漢）

　　憂憒：憂慮煩亂。｜情用憂憒。(160b)｜（東漢＞）

　　憂惱：憂愁煩惱。｜此人憂惱，可堪勝不。(160a)｜（東漢＞）

　　憂毒：憂愁痛苦。｜其父憂毒，臥不安席。(153b)｜惟鬱鬱之憂毒兮，志坎壈而不違。《楚辭·九歎》｜（西漢）

　　憂患：困苦患難。｜佛出照世間，爲眾除憂患。(159c)｜作易者，其有憂患乎？《易·繫辭下》｜（春秋＞）

悲：哀痛，傷心。｜城內母人，各生善念，悲泣自責。(155b)｜女心傷悲，殆及公子同歸。《詩·豳風·七月》｜（春秋）

悲憐：哀憐。｜捨我終亡，悲憐痛毒。(160a)｜悲憐在心，則使勇民更慮，而怯民不戰。《商君書·兵守》｜（戰國）

悲疾：哀痛。｜心用悲疾曰諸天名味。(163a)｜（東漢—）

悲傷：悲痛憂傷。｜是以自悲傷耳。(158b)｜（東漢）

哀悴：悲痛憂傷。｜雖以哀悴，貪得表見〔灾〕。(160b)｜（東漢＞）

哀慟：悲痛至極。｜後來弟子，謂火害佛，悲喚哀慟。(150b)｜（東漢＞）

苦：痛苦，困苦。｜高行殊異，忍苦無量。(147c)｜爾惟自鞠自苦。《尚書·盤庚》｜（西周）

苦惱：痛苦煩惱。｜人生受形，多憂苦惱。(152c)｜（東漢＞）

憂悲：憂愁悲痛。｜何有恩愛而生憂悲耶？(160a)｜烏乃始憂悲眩視，不敢飲食。《莊子·達生》｜（戰國）

（二）惱怒

怒：氣憤，憤怒。｜王怒隆盛。(157c)｜薄言往愬，逢彼之怒。《詩·邶風·柏舟》｜（春秋）

忿：憤怒，怨恨。｜諸女同忿皆以火爐，打撲迦羅。(158a)｜君子以懲忿窒欲。《易·損·象傳》｜（春秋）

忿然：憤怒。｜其婦流淚忿然。(156c)｜莊周忿然作色。《莊子·外物》｜（戰國）

恚：怨憤。｜尼揵懟恨，即日恚去。(153b)｜明君蒞國立政，不損祿不益刑，又不以私恚害公法。《晏子春秋·諫下》｜（戰國＞）

恚怒：生氣，憤怒。｜能除恚怒，從是脫淵。(161a)｜慰，

安也，從心尉聲，一曰恚怒也。《説文解字·心部》｜（東漢〇）

瞋怒：惱火。｜無以瞋怒，枉殺無過。(152c)｜（東漢＞）

含瞋：發怒。｜此諸鬼師，強暴含瞋。(153b)｜（東漢一）

（三）驚恐

驚：驚慌，恐懼。｜驚喜交集。(148a)｜笑言啞啞……震驚百里。《易·震》｜（西周＞）

驚愕：驚恐。｜二弟驚愕，恐兄及諸弟子爲人所害。(151c)｜秦王環柱而走，群臣驚愕。《戰國策·燕策三》｜（戰國）

畏：害怕，恐懼。｜婬、怒、癡火起，便有痛癢，老病死畏。(152a)｜厥心疾很，不克畏死。《尚書·酒誥》｜（西周＞）

恐：擔心，恐怕。｜實不有愛，恐龍爲害耳。(150b)｜恐人倚乃身，迂乃心。《尚書·盤庚》｜（西周）

恐畏：畏懼。｜承其至心恐畏消除。(156b)｜恐畏秦，果獻西河之外。《戰國策·秦策一》｜（戰國）

懼：害怕，擔心。｜王甚驚怖，懼有大災。(152a)｜將恐將懼，維予與女。《詩·小雅·谷風》｜（春秋）

懅：焦急，懼怕。｜王時大懅，惶怖解焉。(157c)｜（東漢＞）

恐懼：畏懼，害怕。｜獨在山樹間，如何不恐懼。(155b)｜君子以恐懼脩省。《易·震·象傳》｜（春秋）

怖：驚懼，害怕。｜安隱不怖。(159a)｜紂爲象箸而箕子怖。《韓非子·説林》｜（戰國）

悸：驚懼。｜明儀煌煌，迦葉情悸。(150a)｜（東漢）

怖悸：驚懼。｜長者怖悸，即遣馬騎。(149a)｜（東漢）

驚怖：驚恐。｜王甚驚怖，懼有大災。(152a)｜吾驚怖其言。《莊子·逍遥遊》｜（戰國）

惶怖：恐懼。｜王時大懅，惶怖解焉。(157c)｜（東漢）

惶恐：恐懼，驚慌。｜善温惶恐。（156a）｜建讀之，曰："上譴死矣。"甚惶恐。《史記·萬石張叔列傳》｜（西漢）

側息：緊張，恐懼、不安。｜師徒騷擾，側息達明。（150b）｜（東漢>）

悚息：因惶懼而屏息。｜屏營悚息，恐師許佛。（150b）｜（東漢>）

騷擾：不安，慌亂。｜師徒騷擾，側息達明。（150b）｜（東漢>）

周惶：惶怖貌。｜周惶遍求，嘘唏並泣。（149a）｜（東漢—）

屏營：惶恐，彷徨。｜眾失所歡，惆悵屏營。（149b）｜屏營彷徨於山林之中。《國語·吳語》｜（春秋）

第二節　念想感觸能够意願

發念：萌生念頭。｜各各發念，欲往詣佛。（149b）｜（東漢>）

生念：萌生念頭。｜聞寶稱、富褥等皆作沙門，又各生念。（149b）｜（東漢—）

懷：心中存有。｜虛心在昔，馳散所懷。（156a）｜使君懷怒。《左傳·宣公十二年》｜（春秋）

存3：顧念，嚮往。｜此諸新學，志存道行。（153c）｜（東漢>）

思1：懷念，想望。｜大王無恙，唯思世尊。（154b）｜不思舊姻，求爾新特。《詩·小雅·我行其野》｜（春秋）

志：向慕，有志於。｜若人壽百歲，學邪志不善。（152c）｜吾十有五，而志於學。《論語·爲政》｜（春秋）

誓：立誓，發誓。｜誓爲群生梵釋請法。（147c）｜鮑叔乃誓曰："事之濟也，聽我令。"《管子·大匡》｜（戰國）

第四章　心理行爲

記：不忘，把印象保持在腦中。｜父王俱聽，不記所得。(155c)｜弟子記之。《新序·雜事》｜（西漢○）

忘：忘記，不記得。｜佛爲説法，盡［書］心不忘。(157b)｜中心藏之，何日忘之。《詩·小雅·隰桑》｜（春秋）

忘失：忘記。｜加行謗毁，忘失人本。(162c)｜（東漢）

端意：專意。｜端意低頭，勿妄顧視。(161b)｜（東漢）

整心：端正思想。｜逡巡恭住，整心白佛。(156a)｜（東漢＞）

動1：感動，觸動。｜若眼視色，心當抑却，好醜不動。(152c)｜欽念以忱，動予一人。《尚書·盤庚》｜（西周）

感：感動。｜威靈感人儀雅挺特。(148a)｜聖人感人心而天下和平。《易·咸·彖傳》｜（春秋○）

感動：觸動。｜瞿曇神德，莫不感動。(151b)｜使其曲直、繁省、廉肉節奏足以感動人之善心。《荀子·樂論》｜（戰國）

震：震動。｜其人德高，明遠震國。(149b)｜不虧不崩，不震不騰。《詩·魯頌·閟宫》｜（春秋）

盡［書］心：竭盡心力。｜佛爲説法，盡［書］心不忘。(157b)｜吾嘗同寮，敢不盡心乎？《左傳·文公七年》｜（春秋）

能：能够。｜奈何能辦。(148a)｜九二：鼎有實，我仇有疾，不我能即吉。《易·鼎》｜（西周）

敢：謂有勇氣、有膽量做某事。｜若見惠者，不敢在先。(161c)｜予畏上帝，不敢不正。《尚書·湯誓》｜（西周）

忍1：忍耐，容忍。｜高行殊異，忍苦無量。(147c)｜是可忍也，孰不可忍也。《論語·八佾》｜（春秋○）

忍2：忍心。｜何忍持此供養佛乎？(163a)｜維彼忍心，是顧是復。《詩·大雅·桑柔》｜（西周＞）

第三節　思考解知、辨別判斷、計算謀劃

一、思考解知

（一）思考

思2：思索。｜王甚思之。（153a）｜渙有丘，匪夷所思。《易·渙》｜（西周＞）

惟：思考，思念。｜每惟道訓，世所希聞。（160b）｜載謀載惟，取蕭祭脂。《詩·大雅·生民》｜（春秋）

念：思考，考慮。｜念已欲行。（147c）｜吾每念，常痛於骨髓。《戰國策·燕策》｜（戰國＞）

思惟：思量。｜道要以備，大王思惟。（159c）｜思惟往古，而務以求賢。《漢書·董仲舒傳》｜（西漢＞）①

思想：思忖，考慮。｜思想萬端，趣欲快意。（152c）｜（東漢）

思憶：思考。｜今者獨處，思憶何等。（154c）｜（東漢一）

尋思：思索。｜尋思反覆，亦得法眼。（153c）｜（東漢＞）

諦思：仔細思考。｜又有説法示現，比丘諦思。（151c）｜（東漢＞）

（二）解知

知：曉得，瞭解。｜何謂泥洹？先知四諦。（148b）｜惟予沖人弗及知。《尚書·金滕》｜（西周＞）

識2：知道。｜女子憃憨，不識至真。（158a）｜不識不知，

---

① 此例出自董仲舒所上《舉賢良對策》，故歸于西漢。

順帝之則。《詩·大雅·皇矣》│（春秋）

見2：知道。│三者耳徹聽、四者見眾生本。(161b)│安見方六七十如五六十而非邦也者。《論語·先進》│（春秋）

審：察知，知道。│不審何日當至。(154b)│夫辯者，將以明是非之分，審治亂之紀。《墨子·小取》│（戰國）

察2：知道。│佛察眾念。(152b)│皆可得而察焉。《禮記·喪服四制》│（戰國）

覺3：察知，發覺。│不覺如來還處本坐。(152a)│不億不信，抑亦先覺者，是賢乎？《論語·憲問》│（春秋）

覺知：覺察到。│其所有愛，覺知有滅。(148b)│吏覺知，使長安尉奇等往捕開章。《史記·淮南衡山列傳》│（西漢）

覺識：覺知。│若能覺識，改聞易行，遷神無為，所向分明。(162b)│（東漢）

明2：明白。│此人僥乂，唯佛明焉。(161a)│不行焉，可謂明也已矣。《論語·顏淵》│（春秋）

明曉：明白。│明曉三世眾生行源。(154a)│（東漢＞）

解1：明白。│佛說是法，五人未解。(148b)│大惑者，終身不解。《莊子·天地》│（戰國）

了1：明瞭。│解清淨，聞義心了。(149b)│（東漢＞）

解了：曉悟。│如應說法，各各解了逮得法眼。(155c)│（東漢＞）

悟：覺醒，覺悟。│濛濛不悟。(150a)│今天降疾殆，弗興弗悟。《尚書·顧命》│（西周）

覺1：領悟，明白。│六通悉覺，具八正行。(148b)│叔術覺焉。《公羊傳·昭公三十一年》│（戰國）

達：通曉。│達於眾智。(148b)│丘未達，不敢嘗。《論語·鄉黨》│（春秋）

通4：懂得，通曉。│學問日益明，眾義通為最。(163b)│

曲成萬物而不遺，通乎晝夜之道而知。《易·繫辭上》｜（春秋）

亘：明瞭豁朗。｜亘解欲行。(157a)｜（東漢—）

綜：通曉。｜古仙道術，靡書不綜。(153c)｜（東漢—）

照2：察知，明白。｜佛聖廣覆照我至心。(153b)｜孰能思而不隱兮，照彭咸之所聞。《楚辭·九章·悲回風》｜（戰國）

照察：明察。｜神通照察，深知調達惡心內興。(155a)｜（東漢）

究暢：精通。｜服法衣者，當盡壽清净究暢梵行。(158a)｜（東漢—）

熟諦：明白。｜賢者阿難受佛語已熟諦，便作禮而出。(159a)｜（東漢—）

不可思議：無法想像和評述。｜如來妙德，不可思議。(163a)｜（東漢＞）

（三）疑問

疑3：疑惑，疑問。｜王迷情疑。(159c)｜明用稽疑。《尚書·洪範》｜（西周）

抱疑：心中懷有疑慮。｜抱疑日久，願尊開蒙。(162b)｜（東漢＞）

惟疑：思慮，疑惑。｜惟疑不信。(159c)｜（東漢—）

遺疑：疑問。｜遺疑未悟，前禮佛足。(159c)｜（東漢—）

惑：疑惑，懷疑。｜先人傳惑以授後生。(152b)｜三軍既惑且疑，則諸侯之難至矣。《孫子·謀攻》｜（春秋）

意：懷疑。｜見佛前光，意而獨念。(151a)｜爲計而使諸侯有意我之心。《韓非子·存韓》｜（戰國）

怪：奇怪。｜睹變心動怪而顧望。(150a)｜怪之可也。《荀子·天論》｜（戰國）

驚怪：奇怪。｜大家驚怪，問其狀變。(149a)｜聶政驚怪其厚，固謝嚴仲子。《史記·刺客列傳》｜（西漢）

二、辨別判斷、計算謀劃

(一) 辨別判斷

謂1：以爲。｜龍見其毒作華繞佛，怒盛吐火，謂能爲害。(150b)｜謂予不信，有如皦日。《詩·王風·大車》｜（春秋○）

謂爲：説是，以爲。｜惡行危身，愚謂爲易。(161a)｜此謂爲大治。《管子·任法》｜（戰國）

計爲：認爲。｜飢渴寒熱，愚計爲樂。(152c)｜（東漢）

意謂：以爲。｜我意謂兄爲得羅漢。(151c)｜（東漢）

不謂：不意，不料。｜不謂長者見困如此。(153b)｜（東漢）

疑2：推測，猜度。｜見彼容悦，疑得甘露。(153c)｜楚疑於秦之未必救己也。《戰國策·秦策四》｜（戰國）

想：料想，猜想。｜想有流泉，馳趣樹下。(156c)｜（東漢）

推1：推斷，推論。｜以是推之，惟疑不信。(159c)｜始皇推終始五德之傳。《史記·秦始皇本紀》｜（西漢）

分別：區別，分辨。｜今當爲汝事事分別。(162b)｜兩者分別，則賢不肖不雜。《荀子·王制》｜（戰國）

識1：認識，識別。｜懼佛不識。(152b)｜〔豫讓〕行乞於市，其妻不識也。《史記·刺客列傳》｜（西漢）

決：決斷，決定。｜戲言決耳。(156c)｜愛疑決之以卜筮。《國語·晉語》｜（春秋○）

疑1：懷疑，不相信。｜不復疑道。(158c)｜勿疑，朋盍簪。《易·豫》｜（西周）

信：信從，相信。｜人聞道言，背而不信。(162c)｜盡信書，則不如無書。《孟子·盡心下》｜（戰國○）

伏1：通"服"，佩服，服氣。｜迦葉內伏，吝惜名稱。(150c)｜外內均和，諸侯臣伏。《管子・四稱》｜（戰國＞）

（二）計算謀劃

量：衡量，估計。｜福祐難量。(156b)｜多見其不知量也。《論語・子張》｜（春秋）

度量：估計，思量。｜如來威德，難可度量。(155c)｜度量馬力，審其足走。《管子・形勢解》｜（戰國）

數：計算，查點。｜即夜行籌，數得千二百五十人。(154a)｜自此以上者亡國不可勝數。《呂氏春秋・安死》｜（戰國〇）

行籌：用算籌進行計算。｜即夜行籌數得千二百五十人。(154a)｜（東漢＞）

謀：計議，商議。｜王去之後，女與父謀。(157c)｜匪來貿絲，來即我謀。《詩・衛風・氓》｜（春秋）

謀念：謀劃，思考。｜照堂心謀念：伺子齋日之中必矣。(157c)｜（東漢—）

謀圖：陰謀算計。｜咸共興恚，謀圖毀害。(158a)｜（東漢—）

第四節　接物態度

一、待人親疏

待：對待。｜昔吾出家，路由梵志阿蘭、迦蘭，待吾有禮。(147c)｜若季氏則吾不能，以季孟之間待之。《論語・微子》｜（春秋）

愛2：喜愛，愛護。｜愛敬交至。（155a）｜爾心未愛。《尚書·多方》｜（西周）

親：愛，親愛。｜莫親世業。（154b）｜皇天無親，惟德是輔。《左傳·僖公五年》｜（春秋＞）

親愛：親近喜愛。｜宣令宗室及所親愛。（157a）｜寡人之言，親愛也。《左傳·襄公三年》｜（春秋＞）

推親：以情義親愛相待。｜須達因事來行，推親往造。（156a）｜（東漢一）

私：偏愛，寵愛。｜王珍其操，每事私焉。（157b）｜皇天無私阿兮。《楚辭·離騷》｜（戰國）

哀：憐憫，憐愛。｜哀世故行乞，持鉢福眾生。（155b）｜哀敬折獄，明啟刑書。《尚書·呂刑》｜（西周）

哀矜：哀憐，憐憫。｜哀矜群庶，令得解脫。（152a）｜皇帝哀矜庶戮之不辜。《尚書·呂刑》｜（西周）

湣：哀憐。｜多湣善恕正，仁愛好利人。（153a）｜君憫白骨，而況於生者乎？《晏子春秋·內篇雜下》｜（戰國）

哀顧：憐憫眷顧。｜必是世尊哀顧若茲。（157c）｜（東漢一）

薄：待遇不厚，疏淡。｜不謂今日見薄不偶。（156a）｜（東漢）

二、尊敬仰慕

尊：尊重，尊奉。｜汝尊瞿曇。（160a）｜籲俊尊上帝。《尚書·立政》｜（西周）

欽：尊敬，恭敬。｜忉利天帝，欽其異德。（161b）｜不匿厥指，王用丕欽。《尚書·盤庚》｜（西周）

敬德：尊崇德行。｜迦葉答曰："恨無備豫，敬德虛心。"（150a）｜其汝克敬德。《尚書·君奭》｜（西周）

敬愛：尊敬熱愛。｜人民敬愛，言輒順承。（157a）｜天下懷樂敬愛。《戰國策·秦策三》｜（戰國）

尊信：尊重信奉。｜師所尊信，願皆隨從。（151c）｜（東漢＞）

望1：瞻視，景仰。｜當作良策，全國大望。（149c）｜君子知微知彰，知柔知剛，萬夫之望。《易·繫辭下》｜（春秋）

注：注仰，關注仰慕。｜今察民心，普注迦葉。（150a）｜（東漢—）

注仰：仰慕。｜吾名日高，國內注仰。（149c）｜（東漢＞）

渴仰：仰慕渴望。｜靡不敬肅渴仰世尊。（157b）｜（東漢）

傾企：想望，仰慕。｜傾企之情有兼來趣。（156a）｜（東漢）

三、嫉妒、怨恨、寬恕

嫉：妒忌。｜照堂懷嫉譖之至深。（157b）｜眾女嫉余之蛾眉兮。《楚辭·離騷》｜（戰國）

妒嫉：怨恨別人的能力或際遇。｜口言傷人、身行暴害、心專妒嫉。（153a）｜不能則妒嫉怨誹以傾覆人。《荀子·不苟》｜（戰國）

讒疾（嫉）：嫉妒說讒言。｜唯惡是從，讒嫉賢良。（157b）｜（東漢＞）

妬憤：嫉妒憤恨。｜妬憤內發，數譖非一。（157c）｜（東漢—）

恨2：怨恨，仇視。｜婦怪而問不審何恨？（156c）｜今財亡民罷，莫不怨恨。《國語·周語》｜（春秋）

悒恨：懷藏怨恨。｜照堂悒恨，妬憤內發。（157c）｜

（東漢—)

懟恨：怨恨。｜尼揵懟恨。(153b)｜（東漢＞）

忌2：憎惡，怨恨。｜照堂心忌，猶欲害之。(157c)｜舍爾介狄，維予胥忌。《詩・大雅・瞻卬》｜（春秋）

恕1：寬宥，原諒。｜幸恕不愛。(150b)｜不得見久矣，竊自恕。《戰國策・趙策四》｜（戰國）

矜恕：憐憫寬恕。｜叩頭於地，願見矜恕。(149a)｜（東漢＞）

恕原：原諒。｜願佛慈悲，恕原其重。(163b)｜（東漢—）

原恕：原諒。｜願佛垂恩，原恕罪咎。(162b)｜（東漢＞）

四、重視、忽略

忌1：顧忌，忌憚。｜一切所忌，咸在於龍。(150a)｜匪言不能，胡斯畏忌。《詩・大雅・桑柔》｜（西周＞）

顧2：顧惜，眷念。｜乃令貴族，不復顧榮。(149b)｜誕淫厥泆，罔顧於天。《尚書・多士》｜（西周）

珍：重視，珍惜。｜王珍其操，每事私焉。(157b)｜書曰"公子遂"，珍之也。《左傳・文公八年》｜（春秋）

貴異：特別看重。｜父母貴異，字曰寶稱。(149a)｜（東漢）

輕：輕視，鄙視。｜小有四事，皆不可輕。(159c)｜禍莫大於輕敵，輕敵幾喪吾寶。《老子・六十九章》｜（春秋＞）

忽：忽略，不經心。｜修德履道，忽榮棄利，義曰真人。(156a)｜朝廷忽略，不輒督責。《漢書・王莽傳》｜（東漢○）

忽棄：忽略。｜乃使斯人忽棄榮利。(149b)｜（東漢—）

恣［咨］：聽任，任憑。｜佛言："恣［咨］所欲聞。"(162a)｜恣君之所使之。《戰國策・趙策四》｜（戰國）

隨意：任情適意，隨便。｜能居隨意。(150b)｜（東漢＞）
寬意：放寬心。｜且自寬意。(158b)｜（東漢—）

五、喜好、期盼

好：喜愛，愛好。｜好利求榮。(148b)｜好是稼穡，力民代食。《詩·大雅·桑柔》｜（西周）

善：善於，喜好。｜多潛善恕正，仁愛好利人。(153a)｜惟截截善諞言，俾君子易辭。《尚書·秦誓》｜（春秋）

願1：希望，有意向。｜願爲弟子。(154b)｜寡君願與一二兄弟相見。《左傳·襄公三年》｜（春秋）

唯願：願望。｜唯願屈德，臨昕蔬食。(150a)｜唯願陛下幸察。《史記·三王世家》｜（西漢）

欲2：想要，希望。｜欲寄一宿，寧見容不？(150a)｜愛共叔段，欲立之。《左傳·隱公元年》｜（春秋＞）

冀1：希望，盼望。｜欲詣舍衛，造孤獨氏攢采法齋冀遂本志。(157a)｜冀枝葉之峻茂兮，願俟時乎吾將刈。《楚辭·離騷》｜（戰國）

望2：期待。｜吾望憂陀如渴欲飲。(154b)｜則無望民之多於鄰國也。《孟子·梁惠王上》｜（戰國）

欲望：希望，盼望。｜其有殺生祠祀，欲望其福。(152b)｜欲望國安誠難。《漢書·鮑宣傳》｜（西漢＞）[①]

希望：希求，祈求。｜沐浴垢穢，希望神仙。(157a)｜（東漢）

庶：希望，但願。｜庶不有吝。(150a)｜凡屬書者，所以窺道開塞，庶後世使知舉錯取捨之宜適。《淮南子·要略》｜

---

① 此例爲鮑宣所上書的內容，故歸入西漢。

（西漢＞）

幸：希望，期望。｜我梵志法，寢不同室，幸恕不愛。(150b)｜從吏幸相國召按之。《史記·曹相國世家》｜（西漢）

飢渴 1：期望殷切，如飢似渴。｜飢渴道化，虛心日久。(149b)｜（東漢）

貪羨：渴慕。｜貪羨甘露，願從下風。(154a)｜（東漢）

願樂：希望、樂於……｜願樂聞法，真得度苦。(155b)｜（東漢一）

肯：樂意，願意。｜如是至三，佛不肯聽。(158a)｜三歲貫女，莫我肯顧。《詩·魏風·碩鼠》｜（春秋）

六、貪戀、沉迷

欲 1：貪求。｜喜怒得失，欲者無厭。(148b)｜苟子之不欲，雖賞之不竊。《論語·顏淵》｜（春秋）

貪 1：貪圖，片面追求。｜愚者愛戀，貪而無厭。(148b)｜今納夏姬，貪其色也。《左傳·成公二年》｜（春秋）

貪婬：貪得無厭。｜無以自在，貪婬無厭。(152c)｜貪淫（婬）甚矣。《左傳·昭公十六年》｜（春秋）

貪欲：貪圖欲望。｜殺生淫泆，恃豪貪欲。(148b)｜及桓子驕泰奢侈，貪欲無藝。《國語·晉語》｜（春秋）

嗜欲：欲望，貪欲。｜志蕩在欲行，嗜欲增根栽。(148b)｜嗜欲得而信衰於友。《荀子·性惡》｜（戰國）

無厭：不滿足。｜愚者愛戀，貪而無厭。(148b)｜大夫多貪，求欲無厭。《左傳·襄公三十一年》｜（春秋）

吝：吝嗇，捨不得。｜欲託一事，庶不有吝。(150a)｜使驕且吝，其餘不足觀也已。《論語·泰伯》｜（春秋）

吝惜：顧惜，捨不得。｜迦葉內伏，吝惜名稱。(150c)｜

（東漢○）

愛 1：捨不得，吝惜。｜實不有愛，恐龍爲害耳。(150b)｜百姓皆以王爲愛也，臣固知王之不忍也。《孟子·梁惠王上》｜（戰國○）

戀：留戀，不捨。｜莫親白衣，戀於家居。(154b)｜蠻夷戀故地，又貪漢物。《漢書·張騫傳》｜（東漢）

猗：戀着，貪戀。｜二者猗愛着貪，不能清志行。(148b)｜（東漢）

沉：沉迷。｜耽荒女樂，疑網自沉。(157b)｜內沉於酒樂。《墨子·非命中》｜（戰國）

迷：迷戀，沉迷。｜是時國內奉事六師，迷於邪行。(162a)｜（東漢）

趣欲：追求欲望。｜思想萬端，趣欲快意。(152c)｜（東漢—）

耽荒：沉迷惑亂。｜耽荒女樂，疑網自沉。(157b)｜沉湎耽荒，不可教以道。《淮南子·修務訓》｜（西漢）

七、悔恨、遺憾、羞恥

悔：悔恨，後悔。｜地價已決，不應得悔。(156c)｜不我以，其後也悔。《詩·召南·江有汜》｜（春秋）

悔過：悔改過錯。｜王見道人顏色不移，便前悔過。(148c)｜太甲悔過，自怨自艾。《孟子·萬章上》｜（戰國）

恨 1：悔，遺憾。｜恨吾生存，不獲睹佛。(156b)｜恨乎所行，不死，無勇。《晏子春秋·內篇·諫下》｜（戰國＞）

悔恨：懊悔。｜無所悔恨。(158a)｜天子既誅文成，後悔恨其早死。《史記·孝武本紀》｜（西漢）

慚愧：因有缺點、錯誤或未能盡責等而感到不安或羞恥。｜

第四章　心理行為

慚愧爲衣服，世衣增塵垢。（155b）｜是故大國慚媿，小國附協。《國語·齊語》｜（春秋）

耻：羞愧。｜中有年少，耻甚出後。（161c）｜耻是二者，故出。《左傳·哀公十一年》｜（春秋>）

羞耻：羞愧耻辱。｜剃頭被衲服，如何不羞耻。（155b）｜會呂氏之亂，功臣宗室共不羞耻。《史記·律書》｜（西漢）

第五章　生產生活行爲

第一節　居止出行

一、居止

居 2：居住。｜瞿曇德尊，能居隨意。（150a）｜告爾多士：予惟時其遷居西爾。《尚書·多士》｜（西周＞）

處：居住，居。｜爾時處樹閉目端坐。（148a）｜燕笑語兮，是以有譽處兮。《詩·小雅·蓼蕭》｜（西周＞）

居 1：處在，處於。｜廬舍止處，列居水邊。（151c）｜是故居上位而不驕，在下位而不憂。《易·乾·文言》｜（春秋）

著 3：在，表示處所。｜著此坐爲。（148c）｜（東漢＞）

留：停止在某一處所或地位上不動，不離去。｜願留七日，得叙供養。（163b）｜不留不處，三事就緒。《詩·大雅·常武》｜（春秋）

止 2：居住。｜暮止梵志斯奈園。（149c）｜邦畿千里，維民所止。《詩·商頌·玄鳥》｜（春秋）

留止：停留，居住。｜願大道人留止，欲相供養。（150c）｜（東漢）

頓：住宿，駐屯。｜今頓須波羅致樹下。（152a）｜十萬之軍頓於城下。《尉繚子·守權》｜（戰國＞）

第五章 生產生活行爲

止宿：住宿。｜六通悉覺，具八正行，是名取中，止宿泥洹。(148b)｜尊親執圭璧，使巫策祝，請以身填金隄，因止宿，盧居隄上。《漢書·王尊傳》｜（東漢）

止頓：停留。｜還到舍衛，止頓祇洹。(158a)｜（東漢）

頓止：停留止息。｜佛行轉到那私縣，頓止河上。(158b)｜（東漢）

止住：停居。｜聞佛來垂訓，止住柰園。(161c)｜（東漢—）

住頓：停居。｜王令官屬，住頓山下。(148c)｜（東漢—）

停住：休息，止息。｜牛馬人從，停住勞疲。(153b)｜（東漢＞）

稽停：遲滯，停留。｜何故稽停，方白求通。(154b)｜（東漢）

寄1：寄居，使寄居。｜欲寄一宿，寧見容不？(150a)｜齊人以郲寄衛侯。《左傳·襄公十四年》｜（春秋）

寢：睡，臥。｜我梵志法，寢不同室。(150a)｜乃寢乃興，乃占我夢。《詩·小雅·斯干》｜（春秋）

眠：睡覺。｜悉達眠時，吾欲令覺。(154b)｜涕泣交而淒淒兮，思不眠以至曙。《楚辭·九章·悲回風》｜（戰國）

臥：睡，躺。｜王疲極臥。(148c)｜士卒坐者涕沾襟，偃臥者涕交頤。《孫子·九地》｜（春秋＞）

寐：睡，入睡。｜五情內騷，轉側不寐。(156a)｜夙興夜寐，靡有朝矣。《詩·衛風·氓》｜（春秋）

夢：睡眠時腦中的表象活動。｜譬如人夢，寤則無見。(148b)｜乃寢乃興，乃占我夢。《詩·小雅·斯干》｜（春秋）

覺2：睡醒，清醒。｜王覺求諸妓女。(148c)｜尚寐無覺。《詩·王風·兔爰》｜（春秋）

寤：醒，睡醒。｜譬如人夢，寤則無見。(148b)｜靜言思之，寤辟有摽。《詩·邶風·柏舟》｜（春秋）

起2：起床。｜迦葉夜起，見佛前光。（151a）｜登子反之床起之。《左傳·宣公十五年》｜（春秋）

臥不安席：睡不安寧。｜其父憂毒，臥不安席。（153b）｜寡人臥不安席，食不甘味。《戰國策·楚策一》｜（戰國）

起居：指飲食寢興等一切日常生活狀況。｜善來瞿曇，起居常安。（150a）｜不能及地，起居不敬。《戰國策·秦策五》｜（戰國）

居家：在家的日常生活。｜我以居家有信，欲出家爲道。（158a）｜居家理，故治可移於官。《孝經·廣揚名》｜（戰國）

家居：家庭生活，與修行生活相對。｜莫親白衣，戀於家居。（154b）｜（東漢）

同室：同居一舍。｜我梵志法，寢不同室。（150a）｜以爲相與同室，則生緦之親焉。《儀禮·喪服》｜（春秋）

翔集：眾鳥飛翔而後群集於一處。｜眾果流泉，奇鳥翔集。（156b）｜（東漢＞）

二、出行

乘：乘坐。｜四出推索，父乘子車。（149a）｜若乘舟，汝弗濟。《尚書·盤庚》｜（西周○）

駕：乘。｜子本在吾家，駕象名寶車。（155a）｜駕彼四駱，載驟駸駸。《詩·小雅·四牡》｜（春秋）

駕乘：駕車乘馬。｜於今出處，何所駕乘。（154c）｜（東漢＞）

遊：遊覽，雲遊。｜遊於王舍國竹園中。（156a）｜父母在，不遠遊，遊必有方。《論語·里仁》｜（春秋○）

遊觀：遊覽。｜迦葉遊觀，見池邊兩石。（151b）｜人主不能不有遊觀安燕之時。《荀子·君道》｜（戰國）

行觀：出行遊覽。｜吾子行觀，幢麾羽獨以爲光飾。(154c)｜（東漢一）

出遊：外出遊歷走動。｜今偶出遊，遇此寶藏。(153c)｜駕言出遊，以寫我憂。《詩·邶風·泉水》｜（春秋）

遊止：偏指出遊。｜今者遊止，有何音響。(154c)｜（東漢＞）

出處：出行。｜於今出處，何所駕乘。(154c)｜（東漢一）

載輂［輦］：用車運。｜載輂［輦］送錢，園監不聽。(156b)｜（東漢＞）

第二節　衣食衛生

一、衣著

服1：穿著。｜憂陀指衣："所服如此。"(154b)｜要之襋之，好人服之。《詩·魏風·葛屨》｜（春秋）

被2：後作"披"，衣，穿著。｜住於門外，被弊敗之衣。(158b)｜乃祖吾離被苫蓋，蒙荊棘，以來歸我先君。《左傳·襄公十四年》｜（春秋）

著1：穿，戴。｜所著何衣。(154b)｜（東漢＞）

裸形：裸體。｜裸形無恥，不應止此。(153b)｜（東漢）

補成：縫補成。｜避雨三月，補成衣已。(158b)｜（東漢一）

二、飲食

食2：吃食物，吃東西。｜日食麻米。(148b)｜九三：鼎

耳革，其行塞，雉膏不食。《易·鼎》｜（西周＞）

餐：吃。｜朝奉佛齋，過中不餐。(157c)｜維子之故，使我不能餐兮。《詩·鄭風·狡童》｜（春秋）

飯：吃飯。｜古佛道法，過中不飯。(150a)｜君祭先飯。《論語·鄉黨》｜（春秋）

飯食：吃飯。｜今所飯食，復有何物？(154b)｜故必先有志於其所有事，然後敢用穀也，飯食之謂也。《禮記·射義》｜（戰國）

食噉：吃。｜是應食噉，不宜足蹈。(163b)｜（東漢＞）

渴：口乾想喝水。｜吾望憂陀，如渴欲飲。(154b)｜君子于役，苟無飢渴。《詩·王風·君子于役》｜（春秋）

飲：喝。｜吾望憂陀，如渴欲飲。(154b)｜六二：鴻漸於磐，飲食衎衎。《易·漸》｜（西周○）

飲酒：喝酒。｜不妄語，不飲酒。(158c)｜儐爾籩豆，飲酒之飫。《詩·小雅·常棣》｜（西周＞）

飲食：吃喝。｜有大眾會，飲食歌舞。(149b)｜爾乃飲食醉飽。《尚書·酒誥》｜（西周）

飢渴2：腹餓口渴。｜飢渴寒熱，愚計爲樂。(152c)｜君子于役，苟無飢渴。《詩·王風·君子于役》｜（春秋）

吐：使物從口中出來。｜吐火出毒，以滅來者。(149c)｜柔亦不茹，剛亦不吐。《詩·大雅·烝民》｜（春秋＞）

咽：吞入，吞食。｜今者行乞食，麤惡安可咽。(155b)｜匍匐往將食之，三咽，然後耳有聞，目有見。《孟子·滕文公下》｜（戰國）

作廚：做飯。｜悉達在家，吾爲作廚。(154b)｜（東漢—）

作飯：辦飯。｜明旦作飯，自行請佛。(150c)｜（東漢—）

供饍：供應食飲。｜國王供饍。(163a)｜（東漢）

斟酌：盛飯舀食物。｜共詣精舍，手自斟酌。(156c)｜

（東漢一）

三、衛生

浴：洗身，洗澡。｜浴已三毒盡，三達快無雙。（155b）｜欲觀其裸，浴，薄而觀之。《左傳·僖公二十三年》｜（春秋○）

沐浴1：洗澡。｜沐浴塗香，衣莊嚴事。（159a）｜孔子沐浴而朝。《論語·憲問》｜（春秋○）

澡浴：洗澡。｜澡浴名香汁。（155b）｜（東漢＞）

漱：含水洗蕩口腔。｜朝得汝食，欲漱無水。（151a）｜既拚盥漱，執事有恪。《管子·弟子職》｜（戰國）

澡：洗滌，沐浴。｜飯訖行澡，儼然聽法。（156c）｜常以月旦祓龜，先以清水澡之。《史記·龜策列傳》｜（西漢）

澡漱：洗漱。｜食已欲澡漱口①無水。（151a）｜（東漢＞）

洗：用水滌除污垢。｜八解正水，以洗心垢。（154c）｜或獻或酢，洗爵奠斝。《詩·大雅·行葦》｜（春秋）

浣：洗滌。｜後日佛還樹下，見棄弊衣，念欲浣之。（151b）｜薄汙我私，薄澣我衣。《詩·周南·葛覃》｜（春秋）

洗浣：洗滌。｜今得佛教，洗浣心垢。（152b）｜（東漢＞）

浣濯：洗滌。｜吾欲浣濯及當曬衣，天帝送石。（151b）｜（東漢＞）

曬：暴曬，曬乾。｜吾欲浣濯及當曬衣，天帝送石。（151b）｜曬，乾物也。《方言》｜（西漢）

剃頭：剃髮，理髮。｜剃頭被納服，如何不羞恥。（155b）｜（東漢＞）

垂髮：頭髮垂亂。｜垂髮弊衣，始來詣佛。（161a）｜（東

---

① 《大正藏校勘記》指出，宋、元、明本無"口"字。

漢>）

灑：把水潑散開來。｜平治道路，香汁灑地。（155a）｜父生不得供備灑掃之臣。《國語・晉語二》｜（春秋）

第三節　日常勞作與農業手工業行爲

破薪：劈柴。｜五百弟子，適共破薪。（151b）｜（東漢一）

種：種子埋入土中使之生長。｜祠祀種禍根，日夜長枝條。（157a）｜茀厥豐草，種之黃茂。《詩・大雅・生民》｜（春秋）

耘除：除草。｜耘除草穢，至秋獲實。（162b）｜（東漢）

收：收穫。｜喻如沃田，所收無數。（162c）｜一穀不收謂之饉。《墨子・七患》｜（戰國）

刻鏤：雕刻。｜七寶刻鏤，極世珍妙。（154b）｜食器不刻鏤。《禮記・少儀》｜（戰國）

第四節　商業理財行爲

貿：交易，買。｜餘地貿樹，共立精舍。（156c）｜氓之蚩蚩，抱布貿絲。《詩・衛風・氓》｜（春秋）

市：購買。｜該容有長老青衣，名曰度勝，恒行市香。（157b）｜以其所有，易其所無，市賤鬻貴。《國語・齊語》｜（春秋）

市買：買。｜阿凡和利遣婢市買。（161c）｜市買悖，故商旅絕。《晏子春秋・內篇問上》｜（戰國>）

賣：以貨物換錢。｜了無賣意。（156b）｜公執歸馬者賣之，乃不歸馬。《左傳・昭公二十九年》｜（春秋）

出3：相與，出讓。｜集布滿園，爾乃出耳。（156b）｜

（東漢—）

作市：興市，作買賣。｜便敕市監，罷不作市。（162a）｜（東漢—）

賈作：做買賣。｜七者賈作不知便利。（162b）｜（東漢＞）

第五節　學習、修行行爲

一、學習行爲

學：學習。｜反捨梵志道，學沙門法。（151c）｜日就月將，學有緝熙于光明。《詩·周頌·敬之》｜（西周）

好學：喜愛學習。｜好學弟子，有五百人。（149c）｜敏而好學，不恥下問。《論語·公冶長》｜（春秋）

經涉：接觸，涉獵。｜九十六術，靡不經涉。（159c）｜（東漢—）

研精：窮究精通。｜研精通微，沙然得病。（153c）｜（東漢＞）

窮微：探究精微的道理。｜吾欲啟請，窮微反真。（154a）｜（東漢＞）

二、修行行爲

奉1：奉祀。｜若人壽百歲，奉火修異術。（152c）｜故以奉宗廟則敬。《禮記·經解》｜（戰國）

修事：修習，從事。｜外道所修事，精勤火爲最。（163b）｜（東漢）

修治2：修習，奉行。｜修治火祠，晝夜不懈。（149c）｜

(東漢)

修 1：學習，培養。｜改邪修正見，無想入禪慧。(152a)｜國德而鄰於不修，必受其福。《國語·周語》｜(春秋)

修治 1：修養，養成。｜修治本心，六度無極。(147c)｜(東漢—)

修德：修養德行。｜居靜正身，修德履道。(156a)｜姑務修德，以待時乎？《左傳·莊公八年》｜(春秋)

修勤：勤意修養，時刻注意所守。｜人聞道教，精進修勤。(162c)｜(東漢)

執節：堅守節操。｜彼人操行，執節可貴。(157c)｜(東漢＞)

護 2：守護，防止錯誤，引申爲謹飭。｜自愛身者，慎護所守。(161a)｜(東漢)

居靜：持身守靜。｜居靜正身，修德履道。(156a)｜(東漢)

篤道：忠實地信仰道法。｜奉戒攝心，信以篤道。(160c)｜(東漢—)

改邪：迴改邪心邪行。｜改邪修正見，無想入禪慧。(152a)｜(東漢—)

調：協調，使協調。｜調心正體，福應上天。(161a)｜決拾既佽，弓矢既調。《詩·小雅·車攻》｜(春秋)

正：使莊重嚴肅。｜調心正體，福應上天。(161a)｜而不正其德，將如之何？《左傳·定公四年》｜(春秋＞)

第六節　娛樂儀式及術數

鼓：敲擊或彈奏（樂器）。｜珠璣樂器，不鼓自鳴。

(157b)｜九三：日昃之離，不鼓缶而歌。《易·離》｜（西周）

鳴鼓：擊鼓。｜悉達每出，椎鐘鳴鼓。（154c）｜乃命左軍、右軍涉江鳴鼓中水以須。《國語·吳語》｜（春秋>）

椎鐘：敲鐘。｜悉達每出，椎鐘鳴鼓。（154c）｜有倕作爲鼛鼓鐘磬吹苓管塤篪鞀椎鐘。《呂氏春秋·古樂》｜（戰國）

彈琴：以琴彈奏。｜彈琴絃歌，然後乃覺。（154c）｜其民無不鼓瑟、擊築、彈琴鬥雞、走狗。《戰國策·齊策一》｜（戰國）

絃歌：依琴瑟而詠歌。｜彈琴絃歌，然後乃覺。（154c）｜顏色甚憊，而弦歌於室。《莊子·讓王》｜（戰國）

舞：跳舞。｜女舞未竟，忽然不見。（149b）｜庸鼓有斁，萬舞有奕。《毛詩·商頌·那》｜（西周）

歌舞：歌唱和舞蹈。｜有大眾會，飲食歌舞。（149b）｜寡人已伐鐘磬之縣，並歌舞之樂矣。《管子·霸形》｜（戰國）

遊戲：遊樂嬉戲。｜將諸妓女，入山遊戲。（148c）｜非特謂遊戲飲食之言也，必謂大物也。《韓非子·難三》｜（戰國）

娛樂：歡娛快樂。｜妓女娛樂，不捨晝夜。（149a）｜請奉盆缻秦王，以相娛樂。《史記·廉頗藺相如列傳》｜（西漢）

博掩：泛指賭博。｜惡子博掩，用度無道。（162b）｜（東漢）

樗蒲：古代的一種遊戲，似擲骰子。後也爲賭博的通稱。｜婆羅門不解，走出祇洹，見二人樗蒲。（160a）｜（東漢）

祠祀：立祠祭神或祭祖。｜其有殺生祠祀，欲望其福。(152b)｜毋禁取婦、嫁女、祠祀、飲酒食肉者。《史記·孝文本紀》｜（西漢）

禱祠：祭祀祈禱。｜禱祠盡力，未後生男。（160a）｜秦韓並兵而伐楚，此秦所禱祀而求也。《史記·韓世家》｜（西漢）

占：泛指用各種方式占卜吉凶。｜相工［互］占曰：餘皆得

道，二人不吉。(155c) ｜九五：大人虎變，未占有孚。《易·革》｜（西周>）

作術：變法術。｜吾亦當復作術，廣化眾人。(155a) ｜（東漢）

第七節　利用、處置、製造

一、利用需求

（一）利用、憑藉

用3：使用，任用。｜所坐用草，清素除貪。(154c) ｜尚克用文王教。《尚書·酒誥》｜（西周>）

怙：依賴，憑恃。｜人命危脆，智者不怙。(160c) ｜無父何怙，無母何恃。《詩·小雅·蓼莪》｜（春秋）

恃：依賴，憑藉。｜合會有離，無親可恃。(160c) ｜野無青草，何恃而不恐？《左傳·僖公二十六年》｜（春秋）

（二）保留、費損

保2：保持。｜一者乞令我心保善莫移。(161c) ｜膺保明德，以佐王室。《國語·周語下》｜（春秋）

積：積聚，貯藏。｜該容欣悅，開笥出衣，積爲高座。(157c) ｜載穫濟濟，有實其積。《詩·周頌·載芟》｜（西周）

累：堆集，積聚。｜積功累行，四等不倦。(147c) ｜九層之臺，起於累土。《老子·六十四章》｜（春秋）

損：喪失，損失。｜未聞勸人爲福損而無益也。(162b) ｜以戰必損其將，以守必賣其城。《商君書·慎法》｜（戰國）

減損：減少。｜減損民食，費而無益。(162b) ｜叔孫通頗

有所增益減損，大抵皆襲秦故。《史記·禮書》｜（西漢）

費：花費，耗費。｜減損民食，費而無益。(162b)｜事楚何爲，多取費焉。《左傳·定公十五年》｜（春秋）

費損：耗費，耗損。｜費損人食，此大無益。(162a)｜（東漢＞）

損耗：損失消耗。｜從始至終，無有損耗。(161a)｜棄成功，就敗事，損耗五穀。《漢書·東方朔傳》｜（西漢）

減省：節省。｜每過修敬，減省香錢。(157b)｜請且止阿房宮作者，減省四邊戍轉。《史記·秦始皇本紀》｜（西漢）

極2：窮盡，竭盡。｜嚴飾幢幡，極世之珍。(163b)｜極數知來之謂占，通變之謂事。《易·系辭》｜（春秋）

竭：窮盡。｜能使斯人，竭財不恨。(156c)｜竭其粟而貸之。《左傳·文公十六年》｜（春秋＞）

盡2：全部使出。｜群臣庶民，各盡其敬。(152b)｜其有敢不盡力者乎?《國語·越語上》｜（春秋）

（三）需求、尋求、獲得

求1：尋找，搜尋。｜父乘子車，速出而求。(149b)｜嚶其鳴矣，求其友聲。《詩·小雅·伐木》｜（春秋）

求2：謀求，追求。｜好利求榮，迷愚所專。(148b)｜遹求厥寧，遹觀厥成。《詩·大雅·文王有聲》｜（春秋）

求索：尋找，搜尋。｜聞歎佛尊，馳出求索。(163a)｜路漫漫其修遠兮，吾將上下而求索。《楚辭·離騷》｜（戰國）

推索：推求尋索。｜長者怖悸，即遣馬騎，四出推索。(149a)｜（東漢＞）

致1：招引，招致。｜便行求龍，以術致之。(149c)｜九三：需于泥，致寇至。《易·需》｜（西周）

得：得到。｜本事何師，乃得斯容。(148a)｜凡民自得罪。《尚書·康誥》｜（西周）

獲1：得到，取得。｜王惟罪深，必獲重殃。(149a)｜六四：入于左腹，獲明夷之心。《易・明夷》｜(西周)

得失：得與失。｜喜怒得失，欲者無厭。(148b)｜故策之而知得失之計。《孫子・虛實》｜(春秋)

自然：隨人意願而自然具有。｜衣食自然。(162b)｜(東漢—)

二、處置改造

（一）處置

處置指對外界事物或內在情感所造成的位置、狀態的改變。

出7：拿出，取出。｜開笥出衣。(157c)｜勉出乃力，聽予一人之作猷。《尚書・盤庚上》｜(西周)

加：施及，加以。｜清素約己，文不加身。(157b)｜疾，君視之，東首，加朝服，拖紳。《論語・鄉黨》｜(春秋)

施1：施設，安放。｜但爲施坐各莫跪起言語問訊也。(148a)｜(東漢＞)

加施：施設。｜加施幢幡，香汁灑地。(156c)｜(東漢)

行4：斟酒倒水，上。｜飯訖行澡，儼然聽法。(156c)｜公又行一爵，若賓若長，唯公所賜。《儀禮・大射》｜(春秋)

盛：以器裝物。｜佛南行極閻浮提界，取果蓏勒盛滿鉢還。(150c)｜于以盛之，維筐及筥。《詩・召南・采蘋》｜(春秋)

布：(使)某物在某平面伸展開，鋪展，鋪設。｜衢和離身所乘象馬四脚布地。(155c)｜句卑布裳，到而裹之，藏其身，而以其首免。《左傳・定公四年》｜(春秋)

安措：安置。｜侍送靈柩，安措始還。(160b)｜卜其宅兆而安措之。《孝經・喪親》｜(戰國)

寄 2：放置存放。｜合集寄聚，便行飯佛及比丘僧。(157b)｜（東漢）

熏：用火煙熏炙。｜戒定慧品，香熏八難。(154c)｜穹室熏鼠。《诗·豳风·七月》｜（春秋＞）

燃（然）火：點火。｜今朝燃火，了不肯燃。(151a)｜皆立而待鼓而然火。《墨子·備梯》｜（戰國＞）

灌：澆，灌溉。｜出庫氎布，香油灌之。(162a)｜鑿隧而入井，抱甕而出灌。《莊子·天地》｜（戰國）

雨：澆。｜以水雨火，衣燥不軟。(152b)｜（東漢）

明 1：證明，闡明，表明。｜且明至心，欲託一事。(150a)｜聖人設卦觀象，繫辭焉而明吉凶。《易·繫辭上》｜（春秋）

表：表明，表示。｜當詣精舍，觀見表虔。(157c)｜子放婦出，而不表禮焉。《禮記·內則》｜（戰國）

展：申叙，舒展情感或實施行爲。｜吾故遠至，以展不面。(156a)｜（東漢）

掩塞：蒙蔽。｜詐言失火，謂可掩塞。(158a)｜（東漢）

閉 2：閉合。｜爾時處樹，閉目端坐。(148a)｜心嬋媛而無告兮，口噤閉而不言。《九嘆·思古》｜（西漢）

（二）治理整頓

治理整頓指行爲主體爲使情況發生變化而做的改造。

治：治理。｜譬如防水，善治堤塘。(158c)｜王厥有成命治民，今休。《尚書·召誥》｜（西周）

修 2：整修。｜六者田農不修。(162b)｜食土不均，地之不修。《國語·吳語》｜（春秋○）

修治：修理整治。｜其所修治，光飾盡宜。(155a)｜（東漢）

整：整理，整治。｜整服持鉢，禮佛而行。（153c）｜王赫斯怒，爰整其旅。《詩·大雅·皇矣》｜（春秋）

整頓：整飭，整治。｜出家居道，整頓服飾。（155c）｜今范陽令宜整頓其士卒以守戰者也。《史記·張耳陳餘列傳》｜（西漢）

平治：平整治理。｜平治道路，香汁灑地。（155a）｜如欲平治天下。《孟子·公孫丑下》｜（戰國）

嚴飾：裝飾。｜嚴飾幢幡，極世之珍。（155c）｜（東漢—

(三) 丟棄去除

滅3：除盡，使不存在。｜及諸事者，助而滅之。（151a）｜剝床以足，以滅下也。《易·剝·象傳》｜（春秋）

捨1：捨棄，放下。｜斷貪捨利求。（148b）｜初九：賁其趾。舍車而徒。《易·賁》｜（西周）

棄：放棄，丟棄。｜悉棄水中。（151c）｜予有後，弗棄基。《尚書·大誥》｜（西周）

棄捐：拋棄，廢置。｜佛當先至奉佛及僧，悔恨前施，永爲棄捐。（153b）｜少棄捐在外，嘗無師傅所教學。《戰國策·秦策五》｜（戰國五）

捐棄：拋棄。｜斥徙吉星，捐棄於外。（158a）｜正道捐棄而邪事日長。《管子·立政》｜（戰國）

捐費：浪費。｜未有唐捐費而不報也。（162b）｜（東漢）

委棄：棄置，捨棄。｜今便委棄，義所不安。（154a）｜（東漢）

去3：拋棄，捨棄。｜精勤苦體，不去晝夜。（159c）｜居其實不居其華，故去彼取此。《老子·三十八章》｜（春秋＞

解4：解開，脫下。｜即便下車，却從解劍。（152b）｜諸侯甲不解纍，兵不解翳。《國語·齊語》｜（春秋＞

却2：撤去，收掉。｜下車却蓋，拱袖直前。（160b）｜却

翡翠之飾，除雕琢之巧。《文選·長楊賦》｜（西漢＞）

脫置：脫下放置到。｜渡水見子寶屐脫置岸邊。（149a）｜（東漢一）

拔2：去除。｜拔愛除有，遷入泥洹。（149c）｜伯父若裂冠毀冕，拔本塞原。《左傳·昭公九年》｜（春秋）

消：消除。｜願降神德，以消重殃。（158a）｜君子道長，小人道消也。《易·泰·彖傳》｜（春秋）

除：清除，去除。｜垢除縛解，皆得羅漢。（149b）｜蔓草猶不可除，況君之寵弟乎？《左傳·隱公元年》｜（春秋○）

解2：免除，解除，消除。｜阿難心結，佛欲解之。（163a）｜故惡積而不可掩，罪大而不可解。《易·繫辭下》｜（春秋）

散解：去除，驅散。｜願佛開化，散解眾疑。（163b）｜（東漢）

馳散：散除。｜虛心在昔，馳散所懷。（156a）｜（東漢）

放2：放下，擱置。｜汝曹各護淨行，持之勿放。（161b）｜神農隱几擁杖而起，曝然放杖而笑。《莊子·知北遊》｜（戰國）

（四）抑制、阻斷及成就、完成

指對事件狀態所做的阻斷性干預或完成事件，成就事物。

罷：停止。｜便敕市監，罷不作市。（162a）｜六三：得敵，或鼓或罷，或泣或歌。《易·中孚》｜（西周）

斷：斷絕，隔絕。｜斷貪捨利求。（148b）｜乃祖乃父乃斷棄汝，不救乃死。《尚書·盤庚》｜（西周）

閉3：結束，停止。｜三塗勤苦，智者能閉。（161c）｜予不敢閉于天降威用。《尚書·大誥》｜（西周＞）

離：離開，脫離。｜離慾則無患。（148b）｜《象》曰：夫征不復，離群醜也。《易·漸·象傳》｜（春秋）

防：堵塞。｜譬如防水，善治堤塘。（158c）｜不防川，不寶澤。《國語・周語下》｜（春秋）

塞：掩蔽，隔絕。｜開福塞禍，言入泥洹。（159b）｜若襲我，是自背其信而塞其忠也。《國語・晉語》｜（春秋）

抑：抑制，阻止。｜抑情撿心，智者必能。（161b）｜教之春秋，而爲之聳善而抑惡焉，以戒勸其心。《國語・楚語》｜（春秋）

制：控制。｜五陰外來，制者由心。（152c）｜令子爲上卿，制晉國之政。《國語・晉語》｜（春秋）

抑却：抑制。｜若眼視色，心當抑却。（152c）｜（東漢—）

禁制：控制，約束。｜亦能自禁制。（158c）｜子之劍何能禁制？《莊子・說劍》｜（戰國）

制持：控制，守持。｜耳聽眾聲，心當制持。（152c）｜（東漢—）

秉持：克制。｜口貪眾味，心當秉持。（152c）｜（東漢—）

制伏：迫使屈服。｜鼻嗅香臭，心當制伏。（152c）｜（東漢＞）

制止：阻止。｜身更所著，心當制止。（152c）｜（東漢）

約：約束，檢束。｜清素約己，文不加身。（157b）｜君子博學於文，約之以禮。《論語・雍也》｜（春秋）

撿：約束，限制。｜抑情撿心，智者必能。（161b）｜（東漢）

攝：收斂，約束。｜奉戒攝心，信以篤道。（160c）｜（東漢）

敕2：嚴謹慎戒。｜奉戒不違，嚴敕身口。（162c）｜（東漢—）

諫止：勸阻。｜舉國耆老，馳往諫止。（156c）｜數諫止王，王弗聽。《史記・南越列傳》｜（西漢）

固：廢，破敗。｜中有年少，恥甚出後，當共固之。(162a)｜不識窮固又求自邇，爲我流之於夷。《國語·魯語》｜（春秋）

逼：逼迫。｜明請大賓，執事自逼。(156a)｜木枝外拒，將逼主處。《韓非子·揚權》｜（戰國）

卒：盡，完畢。｜不卒其業，來生斯澤。(157a)｜父兮母兮，畜我不卒。《詩·邶風·日月》｜（春秋）

成3：完成，成就，實現。｜方成其信，成其禁戒，成其多聞，成其布施，成其智慧。(158c)｜庶民攻之，不日成之。《詩·大雅·靈臺》｜（春秋）

三、製造備辦

（一）製造、建造

此處的"製造""建造"在語義上側重於改造的結果或目的。

爲5：造作，製作。｜慚愧爲衣服，世衣增塵垢。(155b)｜萬億及秭，爲酒爲醴。《詩·周頌·豐年》｜（西周○）

作1：製作。｜我家勢強，必當奪卿，當作何計。(160b)｜君子作法於涼，其敝猶貪。《左傳·昭公四年》｜（春秋）

作2：製作。｜悉達在家，吾爲作床。(154c)｜若考作室，既厎法。《尚書·大誥》｜（西周＞）

造2：製造。｜此要寂無上，畢故不造新。(148c)｜大夫不得造車馬。《禮記·玉藻》｜（戰國）

立2：建立。｜餘地貿樹，共立精舍。(156c)｜先王以享于帝立廟。《易·渙·象傳》｜（春秋＞）

興立：興建。｜余能堪任興立精舍。(156b)｜（東漢＞）

修立：修建。｜修立精舍、僧房坐具。(153b)｜（東漢＞）

81

起：興建。｜諸女起塔，供養捨利。（158a）｜靈王起章華之臺而楚民散。《漢書·東方朔傳》｜（西漢）

造起：建成（建築物）。｜造起宮舍，七八百年。（153a）｜（東漢—）

安置：建立。｜勸人布施，安置福田。（162b）｜（東漢）

（二）備辦

指爲做成某事物而做準備工作。

備豫：提前準備。｜恨無備豫，敬德虛心。（150a）｜備豫不虞，古之善教也。《左傳·文公六年》｜（春秋）

修備：修整，供辦。｜乞退還國，修備所供。（157b）｜不警邊，且不修備。《左傳·昭公十三年》｜（春秋）

具2：備辦。｜還傢具膳，莊嚴幢幡。（156a）｜宗人告有司具。《儀禮·特牲饋食禮》｜（春秋）

辦1：置辦，籌措。｜今起求食，奈何能辦。（148a）｜（東漢＞）

備辦：置辦，准備。｜備辦供具，兼餚重饌。（156c）｜（東漢＞）

嚴辦：辦理，備辦。｜嚴辦當發。（153c）｜（東漢—）

供辦：供應措辦。｜卿當在後，慎勿供辦。（161c）｜（東漢＞）

第八節　行　動

一、抽象行動

行3：實施。｜口言傷人、身行暴害、心專妬嫉。（153a）｜

今予發,惟恭行天之罰。《尚書・牧誓》|(西周>)

爲4:做,幹。|必是佛所爲耳。(151a)|至於百爲,大不克開。《尚書・多方》|(西周○)

作3:從事或進行某種活動。|知是諸長者子所作。(162a)|不作無補之功,不爲無益之事。《管子・禁藏》|(戰國)

辦2:辦理,治理。|命亦如是,非吾能辦。(160c)|每吳中有大繇役及喪,項梁常爲主辦。《史記・項羽本紀》|(西漢)

動3:行動。|動順禮節,莫不承風。(155a)|故兵以詐立,以利動。《孫子・軍爭》|(春秋○)

興2:動。|須達即言:善哉!許諾。便興功夫。(156c)|故既蠟,君子不興功。《禮記・郊特牲》|(戰國○)

興功:動功夫。|於春和時,等力興功。(162b)|故既蠟,君子不興功。《禮記・郊特牲》|(戰國)

試:嘗試,盡力去做。|即告度勝:試爲我說。(157c)|吾飲諸大夫酒,而與之語,爾試聽之。《國語・晉語》|(春秋)

專:專謀,專攻。|口言傷人、身行暴害、心專妒嫉。(153a)|女專利而不厭。《左傳・僖公七年》|(春秋>)

爲人:做人處世接物。|左夫人字照堂,爲人憍傲。(157b)|其爲人也孝弟。《論語・學而》|(春秋)

處世:生活在人世間。|此人處世,自愛者也。(161a)|夫賢士之處世也,譬若錐之處囊中,其末立見。《史記・平原君虞卿列傳》|(西漢)

爲福:布施。|未聞勸人爲福,損而無益也。(162b)|(東漢)

爲害:造成禍害。|實不有愛,恐龍爲害耳。(150b)|寇不爲害,民不罷病。《左傳・襄公八年》|(春秋○)

爲惡:做壞事。|凡人爲惡,不能自覺。(161a)|爲善無

近名，爲惡無近刑。《莊子·養生主》｜（戰國）

作害：爲害。｜强暴含瞋，懼必作害。(153b)｜（東漢＞）

自便：按自己的方便行事，自由行動。｜各各自便，隨利分衛。(163a)｜人人自便，不擊刁斗自衛。《史記·李將軍傳》｜（西漢）

二、經歷遭遇

更歷：經歷。｜吾坐悉達，更歷勤苦。(148a)｜（東漢）

被1：蒙受，遭受。｜可惜真人，竟被龍殃。(150b)｜君實不察其罪，被此名也以出，人誰納我？《左傳·僖公四年》｜（春秋）

受2：遭受。｜愚癡快意，後受熱毒。(161a)｜覯閔既多，受侮不少。《詩·邶風·柏舟》｜（春秋）

遇2：遭受，遇到。｜不審何罪，遇此火害？(158a)｜進而遇覆必速奔。《左傳·隱公九年》｜（春秋）

遇時：碰到良好的時機。｜天人雜類，慶賴遇時。(152a)｜堯授能，舜遇時，尚賢推德天下治。《荀子·成相》｜（戰國）

被害：遭殺害。｜瞿曇被害，我生何爲？(150b)｜哀哉！讒邪交亂，貞良被害。(《漢書·馮奉世傳》)｜（東漢）

委厄：遭受困厄。｜飢渴委厄，樹神人現。(157a)｜（東漢—）

三、遵從違背

（一）遵從

從3：聽從，順從。｜唯惡是從，讒疾賢良。(157b)｜六

三：含章可貞，或從王事。《易·坤》｜（西周）

奉 4：遵守，守持。｜朝奉佛齋，過中不餐。（157c）｜非我一人奉德不康寧，時惟天命。《尚書·多士》｜（西周＞）

奉承：承受，遵行。｜諸天龍神，莫不奉承。（162c）｜嬰齊受命於蜀，奉承以來，弗敢失隕。《左傳·昭公七年》｜（春秋）

順承：順從。｜人民敬愛，言輒順承。（157a）｜萬物資生，乃順承天。《易·坤·象傳》｜（春秋）

奉行：遵照實行。｜二人敬諾，受教奉行。（153c）｜（東漢）

持 1：守，保持。｜持八關齋，爲婦所敗。（157a）｜楚不在諸侯矣，其僅自完也，以持其世而已。《左傳·昭公十九年》｜（春秋）

守：奉行，遵守。｜自愛身者，慎護所守。（161a）｜節有度，守有序，盛德之所同也。《左傳·襄公二十九年》｜（春秋）

信守：忠實遵守。｜息惡令善，信守真言。（152c）｜（東漢）

履：執行，實行。｜積善履德，身無枉橫。（161a）｜夫謀必素見成事焉，而後履之。《國語·吳語》｜（春秋）

履行：實行，執行。｜母不豫知，皆由履行清純，非父母力。（153a）｜而姿質足以履行其道。《鹽鐵論·相刺》｜（西漢）

執行：實施。｜執行仁愛。（157b）｜（東漢＞）

隨 3：聽任，任憑，順著。｜莫隨婬心、莫隨貪心、莫隨怒心。（152c）｜因乘以導之，因隨物之容。《韓非子·喻老》｜（戰國）

自恣：放縱自己，不受約束。｜況入人間，身口自恣。（148a）｜自恣荊楚，安以定只。《楚辭·大招》｜（戰國）

（二）違背

違：違背，違反。｜悅頭檀王，暴逆違道。（148a）｜六五：或益之，十朋之龜，弗克違。《易·損》｜（西周○）

違失：違背。｜而自陳言愚癡罪覆，違失言信。（163a）｜（東漢）

違遠：遠離，背離。｜生不值佛，違遠真道。（148b）｜（東漢）

背：違背，違反。｜人聞道言，背而不信。（162c）｜背盟而欺大國。《左傳·成公元年》｜（春秋）

反2：與之相反，違背。｜沙門瞿曇，反世惑人。（160a）｜君子成人之美，不成人之惡，小人反是。《論語·顏淵》｜（春秋）

犯2：違背，違反。｜不犯王法。（153a）｜犯王命必誅。《國語·周語上》｜（春秋○）

逾越：超越界限。｜有八敬之法，不得逾越。（158c）｜跋履山川，逾越險阻，征東之諸侯。《左傳·成公十三年》｜（春秋）

捨遠：遠離。｜不於九十六術，亦不捨遠。（159c）｜（東漢）

反常：跟常道相反，跟常情不同。｜章服反常，何所從出？（153c）｜十年乃字，反常也。《易·屯·象傳》｜（春秋）

失理：違背道理或事理。｜瞿曇可笑，反論失理。（160a）｜夫子貪生失理，而爲此乎？《莊子·至樂》｜（戰國）

第六章　人際行爲

第一節　施　受

一、給與供給——接納拒斥

（一）給與供給

授：給予，交付。｜阿難授之，即時令熟。（163a）｜言授之縶，以縶其馬。《詩・周頌・有客》｜（西周）

拜1：敬語，授，賜。｜拜吾佛名。（147c）｜（東漢）

授拜：授予賜予。｜授拜吾決。（159b）｜（東漢—）

持與：給與。｜持與其女。（159a）｜（東漢—）

給：供應。｜天帝送石，以給吾用。（151b）｜役身給使，不敢問欲。《墨子・備梯》｜（戰國）

供給：以物資、錢財等給人而供其所需。｜供給麻米，執侍勞苦。（147c）｜事之供給，於是乎在。《國語・周語》｜（春秋）

給用：供給備用。｜釋承佛聖旨，到頗那山上，取四方石一枚，六方石一枚，給用浣曬。（151b）｜作鑄鐵器，給用甚眾，無妨於民。《鹽鐵論・復古》｜（西漢＞）

施2：給予，施捨。｜佛受其施。（163b）｜施薄而求厚者

孤。《管子·霸言》|（戰國）

施與：給與。|可惜我園，施與尼摣。（153b）|夫有施與貧困，則無功者得賞。《韓非子·奸劫弒臣》|（戰國）

給施：接濟施捨。|正使人終身相給施衣被。（158c）|（東漢）

垂2：施與，賜予。|興利康寧，願垂覆育。（152a）|陛下垂大惠，哀元元之未贍。《鹽鐵論·本議》|（西漢）

垂恩：施予恩澤。|願佛垂恩，原恕罪咎。（162b）|上帝垂恩儲祉，將以薦成。《史記·司馬相如列傳》|（西漢）

分：分給，散發。|豫分半床，命令就坐。（161a）|分貧振窮，長孤幼。《左傳·昭公十四年》|（春秋）

奉3：進獻。|佛當先至奉佛及僧。（153b）|我非敢勤，惟恭奉幣。《尚書·召誥》|（西周○）

送：饋贈。|天帝送石，以給吾用。（151b）|酒酣而送我以璧，寄之我也。《呂氏春秋·觀表》|（戰國）

覆1：廣施，遍及。|佛聖廣覆，照我至心。（153b）|繼之以不忍人之政，而仁覆天下矣。《孟子·離婁上》|（戰國）

飾：被覆。|四恩慈悲，廣飾群生。（154c）|飾羔鴈者以繢。《禮記·曲禮上》|（戰國）

借1：將自己的錢物暫時供人使用，指借出。|佛告迦葉：以此借我。（150b）|有馬者，借人乘之。《論語·衛靈公》|（春秋）

供濟：供應接濟。|延致輕薄，以自供濟。（158a）|（東漢）

食1：拿東西給人吃。|食此人爲。（163b）|飲之食之，教之誨之。《詩·小雅·綿蠻》|（春秋）

報2：報應，果報。|自稱是道，唐苦無報。（152b）|乃厚其外交而勉之，以報其德。《國語·晉語》|（春秋）

（二）接納容受

受1：接受，受到。｜佛以神旨，知往古因緣，默然受請。(163a)｜並受其福。《易·井》｜（西周＞）

奉5：接受。｜得奉清誨，其榮難云。(154a)｜得奉君命，以趨於末朝。《晏子春秋·內篇·問下》｜（戰國）

蒙：遭受，蒙受。｜蒙佛慈恩，解脫罪縛。(152b)｜故身困傷，而子孫蒙其禍。《管子·形勢解》｜（戰國）

承2：接受，承受。｜是故遣信，下承風化。(160a)｜用能協於上下，以承天休。《左傳·宣公三年》｜（春秋）

稟受：承受。｜寧可得從大道人神化稟受經戒①，作沙門耶？(151c)｜各有其自然之勢，無稟受於外。《淮南子·修務訓》｜（西漢）

服2：嘗，聞受，引申指信奉，奉從。｜得服法言。(161c)｜茲服厥命。《尚書·召誥》｜（西周）

服嘗：品嘗，比喻聞受佛法。｜今得服嘗，寧可共詣大沙門所。(153c)｜（東漢一）

沐浴2：接受。｜並令臣等沐浴清化。(153b)｜（東漢一）

納：引進，接受。｜王察其行，不納其言。(157b)｜段干木逾垣而辟之，泄柳閉門而不納。《孟子·滕文公下》｜（戰國）

采納：接納，接受。｜瞿曇亂法，奚足采納。(156c)｜（東漢＞）

采省：采納。｜欲啟一事，願見采省。(160b)｜（東漢＞）

接納：接受。｜願蒙接納，得充僧次。(154a)｜（東漢＞）

開納：廣泛采納。｜開納伝言，耽荒女樂。(157b)｜（東漢＞）

攢采：采納。｜造孤獨氏攢采法齋，冀遂本志。(157a)｜

---

① 《大正藏校勘記》指出，宋、元、明本無"神"字。

(東漢)

延納：引見接納。｜精修仙行，延納來學。（153c）｜（東漢）

容：容納，容受。｜欲寄一宿，寧見容不？（150a）｜《象》曰：不恒其德。無所容也。《易·恒·象傳》｜（春秋○）

堪：承受。｜供給麻米，謂其叵堪。（148a）｜人不堪其憂，回也不改其樂。《論語·雍也》｜（春秋）

堪勝：承受。｜此人憂惱，可堪勝不。（160a）｜（東漢—）

（三）拒斥

毀廢：黜退。｜六師邪術，一皆毀廢。（162c）｜自齊王毀廢孟嘗君。《史記·孟嘗君列傳》｜（西漢）

阻棄：放棄。｜佛德聖明，眾人見之，必阻棄我。（151c）｜（東漢—）

斥徙：驅逐。｜斥徙吉星，捐棄於外。（158a）｜（東漢—）

敕逐：驅逐。｜見敕逐汝輩耳。（153b）｜（東漢—）

推逐：驅逐。｜即召閱叉，推逐尼揵。（153b）｜（東漢＞）

二、使令教導—接受教命

（一）使令教導

使2：役使，使喚。｜顧無所使，自提而行。（156c）｜節用而愛人，使民以時。《論語·學而》｜（春秋）

遣：派遣，差遣。｜尼揵所遣，奉使不遜。（162b）｜臣請往也，遣之。《左傳·襄公二十六年》｜（春秋）

命：教令，政令。｜於是如來，命臣就坐。（160a）｜惟王受命。《尚書·召誥》｜（西周）

令1：命令。｜王令官屬，住頓山下。（148c）｜乃令大夫

種行成於吳。《國語·越語下》|（春秋○）

命令：發令以使之。|道人咒願，諸妹那來，命令就坐。(148c) |以天子之故，敬天之命令以救伐。《管子·大匡》|（戰國）

顧命：命令。|顧命梵志，汝便斟酌。(156c) |（東漢一）

教1：令。|不問尊卑，須吾有教。(163a) |（東漢）

教敕：命令，教訓。|教敕宮內，奉齋持戒。(153b) |（東漢）

鞠：告誡。|爲作靖室，而鞠龍曰若有輕突入靖室者，吐火出毒。(149c) |鉦人伐鼓，陳師鞠旅。《詩·小雅·采芑》|（春秋）

召：召喚，召見。|王便普召，被命皆會。(157c) |召彼僕夫，謂之載矣。《詩·小雅·出車》|（春秋）

訓：教誨；教導。|聞有道訓八關齋法。(157a) |嗣守文武大訓。《尚書·顧命》|（西周○）

教2：教導，告示。|若佛有教，汝諦受之。(160a) |此非臣之言也，君之教也。《管子·戒》|（戰國）

化2：改變人心風俗，教化。|爾乃大道，所化無崖。(150a) |善世而不伐，德博而化。《易·乾·文言》|（春秋）

教化：教育感化。|世有辟支佛，名曰迦羅，教化人民。(158a) |故禮之教化也微，其止邪也於未形。《禮記·經解》|（戰國）

教授：把知識技能傳授給學生。|教授眾生，無不蒙度。(154c) |子夏居西河教授，爲魏文侯師。《史記·仲尼弟子列傳》|（西漢）

傳2：傳授。|先人傳惑，以授後生。(152b) |君子之道，孰先傳焉？《論語·子張》|（春秋）

垂化：下顧教化。|請佛及比丘僧，垂化照臨。(162c) |

（東漢—）

垂訓：恩示教訓。｜聞佛來垂訓，止住奈園。（161c）｜（東漢）

示：顯現，教導。｜矜導示禮儀。（152c）｜國奢則示之以儉，國儉則示之以禮。《禮記·檀弓下》｜（戰國）

顯：顯示。｜顯比丘迦葉，一切解脫。（161b）｜敬之敬之，天維顯思。《詩·周頌·敬之》｜（西周）

示導：啟示開導。｜示導橋梁。（149c）｜（東漢＞）

矜導：哀矜示導。｜矜導示禮儀如是爲法王。（152c）｜（東漢—）

道現：開導顯現。｜道現正諦，皆得應真。（153b）｜（東漢—）

開化：開蒙化惡。｜深知調達惡心內興，必難開化。（155a）｜（東漢＞）

開蒙：使擺脫愚昧。｜抱疑日久，願尊開蒙。（162b）｜（東漢）

遷：遷化，改變。｜遷人入泥洹。（148a）｜（東漢—）

感化：用言行感動人，使之轉變。｜諸婆羅門，感化心伏。（153b）｜（東漢）

感通：此有所感而通於彼。｜至誠感通，中夜霍明。（156a）｜（東漢＞）

（二）接受教命

受命：接受任務、命令。｜拔提弗受命而退，即詣佛所。（162a）｜我聞在昔成湯既受命。《尚書·君奭》｜（西周）

受令：接受命令。｜明日會殿，受令即到。（155c）｜匠人無辭而對，受令而爲之。《呂氏春秋·別類》｜（戰國）

承命：受命。｜大人宗仰，承命踊逸。（154a）｜苟列定矣，敢不承命。《左傳·僖公十五年》｜（春秋）

奉命：接受使命，遵命。｜奉命詣佛，修敬盡恭。(152a)｜君據法而出令，有司奉命而行事。《管子·君臣》｜(戰國)

應命：從命，遵命。｜該容持齋，獨不應命。(157c)｜臣已嘗西應命，以不能罷歸，願更推選。《史記·平津侯主父列傳》｜(西漢)

被命：奉命，受命。｜王便普召，被命皆會。(157c)｜(東漢>)

奉敕：奉命令。｜鬼師奉敕，摑打尼揵。(153b)｜(東漢>)

受敕1：接受命令。｜鸚鵡受敕，飛出其家。(162a)｜(東漢—)

受教：接受教誨、命令。｜阿難受教，即便往告。(163a)｜無忌謹受教。《戰國策·魏策四》｜(戰國)

受敕2：受到告誡。｜度勝受敕，具宣聖旨。(157c)｜(東漢—)

承風：接受教化。｜動順禮節，莫不承風。(154c)｜聞赤松之清塵兮，願承風乎遺則。《楚辭·遠遊》｜(戰國)

承教：接受教令。｜比丘承教，延望其眾。(154a)｜寡人願安承教。《孟子·梁惠王上》｜(戰國)

從下風：比喻接受風化，同"承風"。｜貪羨甘露，願從下風。(154a)｜(東漢—)

奉使：奉命出使。｜尼揵所遣，奉使不遜。(154a)｜於是遷仕為郎中，奉使西征巴、蜀以南。《史記·太史公自序》｜(西漢)

受行：遵守奉行。｜佛說是已，皆歡喜受行。(159b)｜(東漢—)

受聞：聽受。｜甘露當開，不得受聞。(147c)｜(東漢—)

諮受：請教、承受。｜諮受五戒，為清信士。(156b)｜

（東漢）

三、請求邀約—應答允諾

（一）請求邀約

乞：求討，請求。｜今者行乞食，麤惡安可咽。(155b)｜閽乞肉焉，奪之杖以敲之。《左傳·定公二年》｜（春秋）

請1：請求，要求。｜今欲飯佛，請母熟之。(163a)｜亟請於武公，公弗許。《左傳·隱公元年》｜（春秋）

求3：請求，乞求。｜皆即稽首，求作沙門。(151c)｜吾求救於蔡而伐之。《左傳·莊公十年》｜（春秋）

願2：許願，祈求。｜願於古佛，待吾道成，侍衛左右。(154a)｜罷不肖股肱不利者，處而願之曰："奈何乎使文王之地及我，吾則吾利，豈不亦猶文王之民也哉！"《墨子·非命上》｜（戰國）

借2：請求暫時取用別人提供的錢物。｜重借滿三，迦葉惟疑。(150b)｜〔陽虎〕盡借邑人之車，鍥其軸，麻約而歸之。《左傳·定公九年》｜（春秋）

求見：請求謁見上級或長輩。｜門監白曰：憂陀使還在門求見。(154b)｜及入，求見。《左傳·僖公二十四年》｜（春秋—）

求哀：乞憐。｜大愛道則復求哀。(158a)｜（東漢＞）

求宿：請求住宿。｜梵志眾等，往造求宿。(157a)｜（東漢＞）

求通：謂拜見主人時，請管門人通報姓名。｜於是憂陀耶，還至舍夷，詣宮求通。(154b)｜（東漢）

託：託付，請求。｜且明至心，欲託一事。(150a)｜（東漢—）

投託：投靠托身。｜故遠投託，幸蒙示導。(157a)｜（東

漢>）

请2：延请。｜明旦作饭，自行请佛。（150c）｜於是公子请朱亥。《史記·魏公子列傳》｜（西漢）

守请：守，请求。｜去城又近，因往守请祇。（156b）｜（東漢—）

延致：邀请。｜延致輕薄，以自供济。（158a）｜（東漢）

誓要：約誓。｜誓要道成，先度脫我。（150a）｜與諸侯飾牲爲载，以约誓於上下庶神。《國語·齊語》｜（春秋>）

要：约言。｜勿违本要，惠及少少。（153c）｜使季路要我，吾無盟。《左傳·哀公十四年》｜（春秋）

（二）應答允諾

許：應允，許可。｜五百弟子屏營悚息，恐師許佛。（150b）｜爾之許我，我其以璧與珪歸，俟爾命。《尚書·金縢》｜（西周）

然許：許諾。｜然許五戒，爲清信士已。（147c）｜（東漢>）

許諾：同意，應允。｜須達即言：善哉許諾。（156c）｜司正禮辭，許諾。《儀禮·鄉射禮》｜（春秋）

可2：同意，許可。｜佛以歲至，即便可之。（163b）｜壽子告之，使行不可。《左傳·桓公十六年》｜（春秋）

然可：同意，應允。｜吾用一切故，即便然可。（150a）｜（東漢）

許可：准許，允諾。｜佛法默然已爲許可。（156a）｜（東漢）

聽2：允許。｜假令大愛道，審能持此八敬法者，聽爲沙門。（159a）｜十日謝病，彊辭，三日而聽。《呂氏春秋·知士》｜（戰國）

諾1：答應，允許。｜已先受請，佛不二諾。（161c）｜夫輕諾必寡信，多易必多難。《老子·六十三章》｜（春秋）

應 2：回應，響應。｜遊於舍衛國，應須達請。（156c）｜朱虛侯欲從中與大臣爲應。《史記·呂后本紀》｜（西漢）

就 2：赴，到。｜汝等速嚴，當就王請。（152a）｜處商就市井，處農就田野。《國語·齊語》｜（春秋）

諾 2：表示同意、遵命的答應聲。｜二人敬諾，受教奉行。（153c）｜諾，吾將仕矣。《論語·陽貨》｜（春秋）

敬諾：恭謹應答之詞，猶言遵命。｜聞命敬諾。（157a）｜夜姑曰敬諾。《穀梁傳·文公六年》｜（戰國）

唯諾：應答。｜諸比丘唯諾受教。（161b）｜（東漢＞）

止 3：應答語，讓對方停止發言。｜佛言止止！瞿曇彌！無樂以女人入我法律。（158a）｜（東漢）

伏 2：敬詞，古時臣對君奏言多用之。｜伏惟世尊，興利康寧。（152a）｜臣青翟臣湯博士臣將行等伏聞康叔親屬有十。《史記·三王世家》｜（西漢）

第二節　人際交往

一、會聚離別

遇 1：相逢。｜遇佛解喜。（149b）｜初九：遇其配主。《易·豐》｜（西周〇）

逢：遇到，遇見。｜二人俱前，相逢中路。（153c）｜我生之後，逢此百罹。《詩·王風·兔爰》｜（春秋）

值：遇，逢。｜生不值佛，違遠真道。（148b）｜而適值大將軍軍出塞千餘里。《史記·衛將軍驃騎列傳》｜（西漢）

道逢：路遇。｜未至中間道逢梵志。（147c）｜未至，道逢趙王姊出飲。《史記·張耳陳餘列傳》｜（西漢）

會：聚會，聚合。｜即令宗族：明日會殿。（155c）｜會其有極，歸其有極。《尚書・洪範》｜（春秋）

合會：聚會。｜色欲無常，合會有離。（149c）｜家人合會，褊於日而勤於用。《鹽鐵論・水旱》｜（東漢）

合集：聚集在一起。｜合集寄聚，便行飯佛及比丘僧。（157b）｜（東漢）

表見：顯現，見面。｜雖以哀悴，貪得表見［灾］。（160b）｜（東漢—）

別：離別。｜恩愛別苦。（148b）｜余既不難夫離別兮，傷靈修之數化。《楚辭・離騷》｜（戰國）

離別：比較長久地跟人或地方分開。｜室家離別。（148a）｜余既不難夫離別兮，傷靈修之數化。《楚辭・離騷》｜（戰國）

辭：告別，辭別。｜須達辭還，載輦送錢。（156c）｜入不言出不辭。《楚辭・九歌・少司命》｜（戰國）

辭退：告辭，告退。｜前禮佛足，辭退還宮。（159c）｜（東漢）

乞退：告辭退去。｜聽令歡喜，乞退嚴辦。（155c）｜（東漢—）

告別：辭行，辭別。｜告別當去。（163a）｜（東漢）

背棄：離棄。｜國大夫人背棄天下。（160b）｜（東漢—）

不面：未見面。｜不面在昔屈辱臨顧。（156a）｜（東漢○）

二、拜謁光顧—揖拜行禮

（一）拜謁光顧

造 1：拜訪，往見。｜須達因事來行，推親往造。（156a）｜今大國越錄，而造於弊邑之軍壘。《國語・吳語》｜

(春秋○)

詣1：晉謁，造訪。｜明照鹿園，尋光詣佛。（149a）｜酒酣，吏二縛一人詣王。《晏子春秋・內篇・雜下》｜（戰國）

覲見：拜見。｜當詣精舍，覲見表虔。（156c）｜（東漢）

造覲：拜見。｜可共俱進，造覲世尊。（157a）｜（東漢一）

引詣：引導拜見。｜女引詣佛，奄然隱焉。（149c）｜（東漢一）

臨：來到，到達。｜明日屈尊，哀臨蔬食。（161c）｜且要盟無質，神弗臨也。《左傳・襄公九年》｜（春秋）

照臨：光臨，稱賓客到來。｜猶照臨鄙國，飢渴聖化。（152a）｜君不忘先君之好，照臨魯國。《左傳・文公十二年》｜（春秋）

顧3：光顧。｜世尊以顧將千比丘僧。（152a）｜（東漢一）

顧下：光臨。｜唯願世尊，顧下薄食。（156a）｜（東漢一）

顧臨：過訪，蒞臨。｜近承世尊顧臨鄙國。（160b）｜（東漢○）

臨顧：光臨見訪。｜不面在昔屈辱臨顧。（156a）｜（東漢＞）

臨盻：光臨。｜唯願屈德，臨盻蔬食。（150a）｜（東漢一）

臨盼：光臨。｜唯願如來，臨盼舍衛。（156b）｜（東漢一）

降2：貶抑，降低。｜願降神德，以消重殃。（158a）｜不降其志，不辱其身，伯夷、叔齊與。《論語・微子》｜（春秋○）

枉：使對方受屈。｜眾嚴畢辦，唯願枉尊。（162a）｜不遠千里，枉車騎而交臣。《戰國策・韓策》｜（戰國）

屈：屈辱，委屈。｜明日屈尊，哀臨蔬食。（161c）｜徑省其辭，則不知而屈之。《史記・老子韓非列傳》｜（西漢）

屈辱：蒙受委屈和恥辱。｜不面在昔屈辱臨顧。（156a）｜（東漢＞）

枉屈：屈尊就卑。｜唯願如來枉屈尊神。（156c）｜（東漢＞）

通客：接待客人。│告敕門士不得通客。(163a) │ （東漢＞）

相聞：互通資訊，互相通報。│與主人伯勤雖未相見，每信相聞，行同德齊。(156a) │ （東漢）

出迎：出外迎接。│當自出迎。(152a) │出迎於門外，再拜。《儀禮·士相見禮》│ （春秋）

迎：迎接。│吾當迎佛。(155a) │送往者，迎來者。《國語·越語》│ （春秋＞）

侍送：奉送。│侍送靈柩，安措始還。　　(160b) │ （東漢—）

（二）揖拜行禮

拜2：下跪，低頭與腰平，兩手至地。│逾於所聞，前拜却住。(156b) │授宗人同拜，王答拜。《尚書·顧命》│ （西周）

揖：拱手行禮。│拱袖進前，直揖却坐。(159b) │揖之乃登。《左傳·襄公十九年》│ （春秋〇）

揖拜：拱手行禮拜。│自名字者，直揖拜者，禮畢却住。(152b) │ （東漢）

禮：行禮。│前禮佛足，退席白佛。(158a) │其誰安之，宣子召而禮之。《國語·晉語》│ （春秋）

作禮：舉手施禮，行禮。│五人身踊，不覺作禮。(148a) │ （東漢）

禮拜：對人施禮祝拜以示敬。│尋詣佛所，禮拜請佛。(149c) │ （東漢）

拱袖：拱手表敬。│下車却蓋，拱袖直前。　(160b) │ （東漢—）

修敬：表示敬意。│喜懼交至，忘失修敬。(149b) │夫冠足以修敬，不務其飾。《晏子春秋·內篇·諫下》│ （戰國）

盡恭：盡心表示恭敬。│修敬盡恭，禮畢陳言。(152a) │ （東漢）

三、護佑救濟—侵犯傷害

（一）護佑救濟

安：使安定，平靜。｜吾子在國，思陳正治助吾安民。(154c)｜修己以安百姓。《論語·憲問》｜（春秋）

保1：保佑。｜我行無師保，志獨無伴侶。(148a)｜今相有殷，天迪格保，面稽天若。《尚書·召誥》｜（西周）

輔：輔助。｜道法無親，唯善是輔。(153a)｜爾尚輔予一人，致天之罰。《尚書·湯誓》｜（西周）

助：輔助，幫助。｜吾子在國，思陳正治助吾安民。(154c)｜亦惟助王宅天命。《尚書·康誥》｜（西周）

佐助：幫助，支持。｜見卿至心，來相佐助。(156b)｜蕃貨長財，以佐助邊費。《鹽鐵論·本議》｜（西漢）

勸成：助成，促成。｜勸成其功者頗陛力也。(154a)｜（東漢）

營佐：幫助。｜顧敕舍利弗，並行營佐。(156b)｜（東漢）

救：援助，使解脫。｜即將弟子，乘船救佛。(151b)｜乃有友伐厥子，民養其勸弗救。《尚書·大誥》｜（西周）

濟：救助。｜等心普濟，無所適處。(154c)｜知周乎萬物，而道濟天下。《易·繫辭上》｜（春秋）

垂救：施救。｜唯哀垂救，濟度群生。(157b)｜（東漢）

矜濟：救濟。｜今日飢渴，幸哀矜濟。(157a)｜（東漢—）

成濟：成就。｜囑授弟子，令吾成濟。(154a)｜（東漢）

拯濟：救助，救濟。｜三曰權慧拯濟，利而安之。(150a)｜（東漢）

衛：防守，衛護。｜上天衛之，智者樂茲。(161a)｜九三：

第六章 人際行為

良馬逐，利艱貞，曰閑輿衛。《易·大畜》｜（西周）

護1：救助，保護。｜忠孝富樂，無憂福護。(152b)｜高祖爲布衣時，何數以吏事護高祖。《史記·蕭相國世家》｜（西漢）

衛護：捍衛保護。｜志行修明，上天衛護。(161a)｜（東漢）

自愛：愛護自己。｜何謂自愛？何謂自護？(160c)｜是以聖人自知不自見，自愛不自貴。《老子·七十二章》｜（春秋）

自護：愛護自己。｜何謂自愛？何謂自護？(160c)｜（東漢）

利：給別人利益、好處。｜多潛善恕正，仁愛好利人。(153a)｜公將不利於孺子。《尚書·金滕》｜（西周—）

利益：增加，給別人利益。｜而人復欲利益之。(159a)｜（東漢）

饒益：使人受利。｜伏聞瞿曇，饒益一切。(162b)｜（東漢）

惠：恩惠。｜今乞四事，若見惠者，不敢在先。(161c)｜小惠未遍，民弗從也。《左傳·莊公十年》｜（春秋）

惠及：把好處給予某人或某地。｜勿違本要，惠及少少。(153c)｜君若惠及之，唯官是徵，其敢逆命。《國語·周語中》｜（春秋—）

興利：興利益，營求利益。｜伏惟世尊，興利康寧。(152a)｜損以遠害，益以興利。《易·繫辭》｜（春秋）

全：保全。｜以其道士故全其命。(158a)｜凡用兵之法，全國爲上，破國次之。《孫子·謀攻》｜（春秋）

全濟：保全，救活。｜冀必全濟，重宣情言。(149a)｜（東漢）

覆育：撫養，養育。｜興利康寧，願垂覆育。(152a)｜天

地訢合,陰陽相得,煦嫗覆育萬物。《禮記・樂記》|(戰國)

育養:撫養,養育。|力自育養,至於長大。(158c)|(東漢)

(二)侵犯傷害、擾亂衝突

奪:強取。|家困餉饋,欲奪更嫁。(160b)|小人而乘君子之器,盜思奪之矣。《易・繫辭上》|(春秋)

奪取:強行取得。|怨家債主,橫見奪取。(162b)|而人尚奪取其寶。《史記・龜策列傳》|(西漢)

劫奪:搶劫奪取。|一者爲官所沒,二者盜賊劫奪。(162b)|君子內無飢寒之患,外無劫奪之憂。《史記・日者列傳》|(西漢)

劫取:奪取,強取。|彼二國,他王劫取。(160b)|(東漢>)

盜:偷竊,劫掠。|性愚習癡、殺盜婬欺。(160c)|竊人之財猶謂之盜。《左傳・僖公二十四年》|(春秋)

盜竊:劫掠,偷竊。|不盜竊,不淫泆。(158c)|盜竊寶玉大弓。《春秋・定公八年》(春秋>)

詐:欺騙。|詐言失火,謂可掩塞。(158a)|我無爾詐,爾無我虞。《左傳・宣公十五年》|(春秋)

欺:欺騙,欺詐。|性愚習癡,殺盜淫欺。(160c)|吾誰欺?欺天乎?《論語・子罕》|(春秋)

困:窘迫。|不謂長者見困如此。(153b)|汝不憂朕心之攸困。《尚書・盤庚》|(西周)

難:詰難。|汝往難沙門瞿曇一事,當令如噎。(162a)|所難子者,上有天,下有先君。《左傳・哀公十四年》|(春秋)

迫蹴:逼迫,壓迫。|迫蹴不已,便共俱飯。(156c)|迫蹙宗族,侵削諸侯。《鹽鐵論・晁錯》|(西漢)

犯1:傷害,損害。|眾惡不犯安。(150a)|民莫有鬥心,

若先犯之，必奔。《左傳・桓公五年》｜（春秋）

傷：傷害，損害。｜口言傷人，身行暴害，心專妬嫉。(153a)｜傷國者何也?《荀子・王霸》｜（戰國）

害：侵犯，損害，傷害。｜害行毀德。(148b)｜子實不睿聖，於倚相何害。《國語・楚語上》｜（春秋）

危：危害。｜惡行危身，愚謂爲易。(161a)｜與其危身以速罪也。《左傳・閔公二年》｜（春秋＞）

禍：危害，損害。｜意甚無違，懼必禍耳。(150b)｜昔者越國見禍，得罪於天王。《國語・吳語》｜（春秋〇）

枉橫：無罪遭受的橫禍。｜積善履德，身無枉橫。(161a)｜（東漢＞）

毀：毀壞，破壞。｜害行毀德。(148b)｜龜玉毀於櫝中。《論語・季氏》｜（春秋）

毀害：傷害。｜咸共興恚，謀圖毀害。(158a)｜（東漢）

暴害：以暴力侵害。｜口言傷人，身行暴害。(153a)｜行不從周衛，人莫能暴害。《説苑・貴德》｜（西漢）

毀辱：詆毀污辱。｜群愚荒憨，毀辱神靈。(158a1)｜離毀辱之非，墮先王之名者。《戰國策・燕策》｜（戰國）

辱：侮辱。｜王反辱曰汝輩妖蠱。(157c)｜可殺而不可辱也。《禮記・儒行》｜（戰國）

侵欺：侵害欺凌。｜世有二事，以自侵欺。(148b)｜而外侵欺其鄰國。《韓非子・解老》｜（戰國）

侵陵：侵犯陵擾。｜無以豪强，侵陵弱者。(152c)｜今天下之諸侯，將猶皆侵陵攻伐兼併。《墨子・天志下》｜（戰國）

殺：殺戮。｜天神不食，殺者得罪。(152b)｜今予惟不爾殺。《尚書・多士》｜（西周〇）

殺害：殺人致死。｜不當殺害於命。(153a)｜（東漢）

燒殺：放火燒以殺害。｜燒殺該容及其侍女。(158a)｜遂

燒殺建德王悍。《史記·楚元王世家》｜（西漢）

燒害：用火燒傷害人。｜每便吐火燒害於人。（150b）｜（東漢）

射：射箭。｜舉弓射之。（162a）｜六五：射雉一矢亡。《易·旅》｜（西周）

射殺：用箭射死。｜縛置殿前，將欲射殺。（157c）｜靈公罷酒出，徵舒伏弩廄門射殺靈公。《史記·陳杞世家》｜（西漢）

亂：敗壞，擾亂。｜瞿曇亂法，奚足采納。（156c）｜斷制五刑，以亂無辜。《尚書·呂刑》｜（西周）

出征：出外作戰。｜王自出征。（157c）｜上九：王用出征，有嘉折首。《易·離》｜（西周）

戰：戰爭。｜因魔來戰是以委藏。（148a）｜子之所慎齊戰疾。《論語·述而》｜（春秋○）

興兵：起兵。｜會有敵國興兵入界。（157c）｜可以興兵。《左傳·哀公九年》｜（春秋）

四、歸順侍奉

（一）歸順師宗

歸1：歸附。｜該容不怖，一心歸佛。（157c）｜與人同者，物必歸焉。《易·序卦》｜（春秋）

歸心：誠心歸附。｜舉國士女，歸心師焉。（158a）｜天下之民歸心焉。《論語·堯曰》｜（春秋）

歸伏：歸順降服。｜欲界魔王，歸伏道化。（149c）｜（東漢）

歸仰：歸附仰仗。｜人中所歸仰，遮迦越爲最。（163b）｜（東漢）

靡伏：順從，歸服。｜剛強靡伏，歸命和南。（155a）｜

(東漢)

欣伏：欣悅歸服。｜九十六種，靡不欣伏。（154c）｜（東漢一）

信伏：信服，相信佩服。｜國內大小，信伏歡喜。(158a)｜（東漢）

附親：歸依，親附。｜既利以平均，如是眾附親。(153a)｜所以合和父子君臣，附親萬民也。《禮記·樂記》｜（戰國）

師：學習，效法。｜舉國士女，歸心師焉。(158a)｜是故先王之所師者，神聖也。《管子·霸言》｜（戰國〇）

從師：跟老師學習。｜吾小好學，八歲從師。(153c)｜從師淺而欲學之深也。《呂氏春秋·誣徒》｜（戰國）

師宗：尊崇，效法。｜豈有師宗，可得聞乎？(153c)｜（東漢）

宗師：尊崇，效法。｜迦葉二弟，宗師其兄。(149c)｜（東漢）

宗事：尊崇奉侍。｜國王臣民所共宗事。(151c)｜（東漢）

宗仰：推崇景仰。｜天龍鬼神，無不宗仰。(159b)｜（東漢＞）

奉仰：仰慕。｜名聲高遠，世人奉仰。(149c)｜（東漢）

降1：降服，使馴服。｜吾先降之，迦葉來從。(150a)｜降下霍人。《史記·絳侯周勃世家》｜（西漢）

降伏：降服，制伏。｜剛強降伏，莫不樂受。(155c)｜楚人降伏，以安中國。《春秋繁露·五行相勝》｜（西漢）

(二) 隨從侍奉

從1：跟，隨。｜吾欲從兄。(151c)｜予齊百工，伻從王於周。《尚書·洛誥》｜（西周＞）

隨從：跟隨，跟從。｜師所尊信，願皆隨從。(151c)｜動

作舉錯,靡不變化隨從。《春秋繁露·三代改制質文》|(西漢)

導從:帝王、貴族及官僚出行時,侍衛、前驅、後隨等,謂之導從。|導從如常。(159b)|(東漢)

翼從:輔翼隨從。|嚴畢翼從。(152a)|(東漢)

追2:跟隨,追隨。|大愛道即與諸老母等,俱行追佛。(158b)|使季冶逆追而予之璽書。《國語·魯語》|(春秋)

將:帶領,攜帶。|將諸妓女,入山遊戲。(148c)|楚子使道朔將巴客以聘於鄧。《左傳·桓公九年》|(春秋)

從2:使跟從,帶領。|唯從妓女,步涉山頂。(148c)|沛公旦日從百餘騎來見項王。《史記·項羽本紀》|(西漢)

事:侍奉,供奉。|本事何師,乃得斯容?(148a)|上九:不事王侯。《易·蠱》|(西周)

侍:陪從或伺候尊長、主人。|前禮佛足,却侍於左。(155c)|師曠侍於晉侯。《左傳·襄公十四年》|(春秋)

侍養:奉養。|侍養孤老,供給衣食。(156b)|是以老而無妻子者,有所侍養,以終其壽。《墨子·兼愛下》|(戰國)

奉事:侍候,侍奉,信奉。|奉事沙門,當如事日月。(159b)|奉事而大有功者不可爲數。《莊子·徐無鬼》|(戰國)

衛侍:保衛侍奉。|吾子在宮,士眾衛侍。(154c)|持兵戟而衛侍者甚眾。《史記·刺客列傳》|(西漢)

侍衛:侍從護衛。|本處別宮中,眾宮妓侍衛。(155b)|(東漢)

執侍:侍奉。|執侍勞苦。(147c)|(東漢—)

第三節　社會治理

一、職掌任用

爲1：充當，擔任。｜五人便解，願爲弟子。（148b）｜天子作民父母，以爲天下王。《尚書·洪範》｜（西周○）

作4：充當，擔任某種職務。｜白淨王子，福應聖王，不樂榮位，當得作佛。（150a）｜天子作民父母，以爲天下王。《尚書·洪範》｜（西周○）

堪任：勝任，擔任。｜余能堪任興立精舍。（156b）｜（東漢—）

充：補充，湊數。｜願蒙接納，得充僧次。（154a）｜願得充數乎下陳。《晏子春秋·內篇·諫下》｜（戰國）

充備：充任，湊足。｜充備僧數，光暉世尊。（155c）｜（東漢○）

直2：在輪到的時間內擔任某項工作，當值。｜迦葉弟子，直起瞻候。（150b）｜（東漢）

置：設立，設置。｜又置大夫人二人，左右番上。（157b）｜故立天子，置三公。《老子·六十二章》｜（春秋○）

擇：挑選。｜姓名顯達，擇能授職。（153a）｜稽疑，擇建立卜筮人。《尚書·洪範》｜（西周）

擇取：選擇取用。｜當勸宗室樂無爲者，令作沙門，擇取端政。（155c）｜必謹志之而慎自爲擇取焉。《荀子·臣道》｜（戰國）

娉：聘請。｜今欲禮娉有道儀容足者。（155c）｜聘名士，禮賢者。《禮記·月令》｜（戰國）

敘1：按規定的等級次第授官職，按勞績的大小給予獎勵。｜功報應敘。(147c)｜（東漢〇）

敘3：任用。｜願留七日，得敘供養。(163b)｜（東漢）

授職：授予官職。｜姓名顯達，擇能授職。(153a)｜（東漢）

二、主持管理

執事：從事工作，主管其事。｜親自執事，極世之味。(156a)｜嗚呼，邦伯師長百執事之人，尚皆隱哉。《尚書·盤庚下》｜（西周）

典：掌管，主持。｜功德甚少，別使典此。(156b)｜克堪用德，惟典神天。《尚書·多方》｜（西周）

領：統率，管領。｜悉達今者欲領何國？(154c)｜所以領天下國家也。《禮記·祭義》｜（戰國）

典領：主持領導，主管。｜遮迦越羅典領四域。(160c)｜故詔臣鳳典領尚書事。《漢書·元后列傳》｜（西漢）

君：主宰，統治。｜當作聖王，君四天下。(155c)｜君民者，豈以陵民，社稷是主。《左傳·襄公二十五年》｜（春秋）

分部2：部署，分派。｜二曰分部五道。(150a)｜數歲，假予產業，使者分部護之，冠蓋相望。《史記·平準書》｜（西漢）

斷當：仲裁，裁定。｜耆老斷當：地價已決，不應得悔。(156c)｜（東漢—）

處當：判決，決斷。｜唯須比丘，監臨處當。(156b)｜（東漢）

三、監察審核

省察：審察，仔細考察。｜比丘尼即當自省察。（158c）｜弗省察而按實兮，聽讒人之虛辭。《楚辭・九章・惜往日》｜（戰國）

驗：檢驗，考查。｜請啟所問，驗世狂惑。（160a）｜今人主不合參驗而行誅。《韓非子・孤憤》｜（戰國）

明驗：明顯的證驗、應驗。｜如今所見，明驗真諦。（156b）｜（東漢）

案行：巡視。｜遮迦越羅典領四域，飛行案行。（160c）｜（東漢）

催督：催促，督促。｜遣人催督。（156c）｜（東漢＞）

監臨：監督。｜唯須比丘，監臨處當。（156b）｜且夫監臨天下諸將，不爲王不可。《史記・張耳陳餘列傳》｜（西漢）

檢押：監督約束。｜自相檢押，所聞所見。（158c）｜（東漢）

推2：推究，審查。｜推古驗今，無始不終。（160c）｜（東漢）

原：推究，考源。｜原於人本，從癡有形。（153a）｜原始反終，故知死生之說。《易・繫辭上》｜（春秋＞）

四、過惡懲貸

繫：拘囚，拘禁。｜王宿願人，今繫在獄。（152a）｜上六：拘繫之，乃從維之。《易・隨》｜（西周）

幽：囚禁。｜照堂等輩，幽之地窟。（158a）｜而太史公遭李陵之禍，幽於縲紲。《史記・太史公自序》｜（西漢）

没2：没收。｜妻子死盡，財没縣官。（160a）｜敢犯令，没入田僮。《史記·平準書》｜（西漢）

首過：自己承認、交代過失。｜當半月詣眾中，首過自悔。（158c）｜（東漢）

首情：承認事實。｜任實首情，每減香錢。（157b）｜（東漢）

謝過：承認錯誤，表示歉意。｜歸命三尊，懺悔謝過。（157c）｜召之而謝過焉。《左傳·襄公三十年》｜（春秋）

赦：寬免罪過。｜即便大赦，解放囚人。（152b）｜刑兹無赦。《尚書·康誥》｜（西周）

解放：釋放。｜即便大赦，解放囚人。（152b）｜（東漢）

第七章　無生行爲

第一節　自然運行

開闢：指宇宙的開始。｜天地開闢，未見人類妙如瞿曇。(150b)｜（東漢）

鳴1：鳥獸昆蟲叫。｜衢和離身所乘象馬四脚布地，而作鳥鳴。(155c)｜九二：鶴鳴在陰，其子和之。《易·中孚》｜（西周）

鳴2：發出聲響。｜珠璣樂器，不鼓自鳴。(157b)｜小子鳴鼓而攻之，可也。《論語·先進》｜（春秋＞）

照1：光綫照射。｜明照鹿園，尋光詣佛。(149a)｜日月得天而能久照。《易·恒·象傳》｜（春秋）

暉：照耀，輝映。｜明暉天地，五情實喜。(154a)｜昭昭之光，輝燭四海。《淮南子·道應訓》｜（西漢）

照除：光明照耀去除（黑暗蒙昧）。｜一切大智，照除愚冥。(150a)｜（東漢—）

爥：照亮，照見。｜頂光爥幽昧，何馼忽無常。(150b)｜吾又奏之以陰陽之和，燭之以日月之明。《莊子·天運》｜（戰國）

燃：焚燒。｜明旦燃之，火了不燃。(151a)｜火離然（燃），火鑠金，火多也。《墨子·經説下》｜（戰國＞）

燒：焚燒，燃燒。｜燒衆名香。(159c)｜臣竊矯君命，以

責賜諸民，因燒其券。《戰國策·齊策四》｜（戰國）

　　失火：發生火災。｜詐言失火，謂可掩塞。（158a）｜慎無敢失火，失火者斬。《墨子·號令》｜（戰國○）

　　滅2：熄滅。｜尋凉詣佛，火滅毒除。（150b）｜若火之燎於原，不可向邇，其猶可撲滅。《尚書·盤庚上》｜（西周）

　　揚塵：激起塵土。｜高出人頭，使底揚塵。（151b）｜勃鬱煩冤，衝孔襲門。《風賦》｜（戰國）

　　淹塵：雨水使塵土下降。｜天地震動，龍雨淹塵。（157b）｜（東漢—）

　　流：水的移動。｜衣被什物及事火具，隨流漂下。（151c）｜水流而不盈，行險而不失其信。《易·坎·彖傳》｜（春秋）

　　漂下：隨水流下。｜衣被什物及事火具，隨流漂下。（151c）｜（東漢）

　　流溢：漫溢，流出。｜見諸妓女，皆如死狀，膿血流溢。（157a）｜（東漢＞）

　　枯竭：乾涸。｜大海深廣，猶有枯竭。（160c）｜無枯竭之流，本源盛矣。《論衡·效力》｜（東漢）

　　震動：受到外力影響而顫動。｜足蹈門閫，天地震動。（162a）｜天無錯舛之災，地有震動之異。《春秋繁露·奉本》｜（西漢）

第二節　有　無

一、有無

　　有：擁有，保有。｜我年老耄，正有一子。（160a）｜人有

土田，女反有之。《詩·大雅·瞻卬》｜（春秋）

具1：具有。｜具八正行，是名取中。(148b)｜天地之美具焉。《左傳·莊公二十二年》｜（春秋）

備：完備，齊備。｜道要以（已）備，大王思惟。(159c)｜禮儀既備，鐘鼓既戒。《詩·小雅·楚茨》｜（春秋）

備具：齊備，完備。｜眾膳備具，唯乏薪炭。(162a)｜昔平王東遷，吾七姓從王，牲用備具。《左傳·襄公十年》｜（春秋）

無：沒有。｜道法無親，唯善是輔。(153b)｜窺其戶，闃其無人。《易·豐》｜（西周）

無有：沒有。｜展轉五道，無有休止。(153a)｜無有作惡，遵王之路。《尚書·洪範》｜（西周）

未有：沒有，不曾有。｜未有唐捐費而不報也。(162b)｜古公亶父，陶復陶穴，未有家室。《詩·大雅·綿》｜（春秋）

二、留存消除

（一）留有、存在

在1：存在，在世。｜乞令我命，保在莫亡。(161c)｜父在觀其志，父沒觀其行。《論語·學而》｜（春秋）

存1：存在，存留。｜名色皆滅，梵跡獨存。(161b)｜紂之去武丁未久也，其故家遺俗、流風善政，猶有存者。《孟子·公孫丑上》｜（戰國○）①

---

① 《漢語大詞典》中"存"的"存在、生存、存留"義項我們分爲"生存"和"留存"兩個，《漢語大詞典》的例句只適合於"生存"，所以這裏的是我們另外檢索到的始見例。

（二）消除、窮盡

失：失掉，丟失。｜生苦、老苦、病苦、死苦、憂悲惱苦、恩愛別苦、怨憎會苦、所求失苦。（148b）｜六二：系小子，失丈夫。《易·隨》｜（西周＞）

喪：失去。｜諸天雖樂，福盡亦喪。（160c）｜西南得朋，東北喪朋。《易·坤》｜（西周）

除 2：清除，去除。｜垢除縛解，皆得羅漢。（149a）｜蔓草猶不可除，況君之寵弟乎？《左傳·隱公元年》｜（春秋○）

消除：除去，不存在。｜承其至心，恐畏消除。（156a）｜（東漢）

遺：遺漏。｜忍苦無量，功報無遺。（147c）｜九二：包荒，用馮河，不遐遺。《易·泰》｜（西周）

自捨：去除。｜自捨如來，無能與論。（153c）｜（東漢—）

破：破除，解除。｜愛盡破欲網，自然無師受。（148a）｜小加大，淫破義。《左傳·隱公三年》｜（春秋）

分散：離散，消失。｜老病死來，靡不分散。（148b）｜公疾病而亂作，國人分散。《左傳·桓公五年》｜（春秋）

滅 1：消失，隱沒。｜名色皆滅，梵跡獨存。（161b）｜失德滅名，流走死亡。《國語·越語》｜（春秋）

磨滅：消失，湮滅。｜千歲萬年，皆歸磨滅。（152c）｜古者富貴而名摩（磨）滅，不可勝記，唯倜儻非常之人稱焉。《文選·報任安書》｜（西漢）

滿 1：充滿，布滿。｜取樹果名閻逼，滿鉢而還。（150c）｜是謂如川之滿，不可遊也。《左傳·哀公九年》｜（春秋）

彌盡竟：窮盡。｜彌盡竟劫，不宣其德。（155a）｜（東漢—）

窮 1：理屈，辭屈。｜詰問理窮，任實首情。（157b）｜多

言數窮，不如守中。《老子·五章》｜（春秋）

窮 2：盡，完。｜窮則名頹，當作良策，全國大望。(149c)｜大盈若沖，其用不窮。《老子·四十五章》｜（春秋○）

盡 1：竭盡，完。｜愛盡破欲網，自然無師受。(148a)｜糧食將盡，必將速歸。《左傳·襄公八年》｜（春秋）

第三節　變　化

一、改變、復原

改：更改。｜何故改施？(153b)｜皇天上帝，改厥元子。《尚書·召誥》｜（西周）

易：改變，更改。｜別作屋宇，寒暑易處。(149a)｜今予告汝不易。《尚書·盤庚》｜（西周）

更 2：變換，替換。｜佛問諸臣：凡更幾王。(153a)｜景公欲更晏子之宅。《左傳·昭公三年》｜（春秋）

移：變動，改變。｜王見道人顏色不移。(148c)｜唯上知與下愚不移。《論語·陽貨》｜（春秋）

動 2：改變。｜心堅不動。(148c)｜敷奏其勇，不震不動。《詩·商頌·長髮》｜（春秋）

迴：掉轉，返回。｜今察民心，普注迦葉，卒未可迴。(150a)｜倬彼雲漢，昭回於天。《詩·大雅·雲漢》｜（春秋）

化 1：變化，改變。｜如來化毒，皆使為華。(150b)｜黿鼉魚鱉，莫不能化，唯人不能。《國語·晉語》｜（春秋）

更 1：變得。｜爾時憔悴，今更光澤。(148a)｜（東漢一）

化作：變成。｜威神所接，箭化作華。(162a)｜（東漢）

歸3：趨向。｜身非己有，萬物歸空。(149c)｜天下同歸而殊塗。《易·繫辭下》｜（春秋）

復：恢復，康復。｜尋如所言，乳出形復。(149a)｜舍中軍者何？復古也。《公羊傳·昭公五年》｜（戰國＞）

平復：痊愈，復原。｜血當爲乳，所截平復。(149a)｜太后聞之，立起坐餐，氣平復。《史記·梁孝王世家》｜（西漢）

二、數量增減

增：加多，加添。｜慚愧爲衣服，世衣增塵垢。(155b)｜如川之方至，以莫不增。《詩·小雅·天保》｜（春秋）

增益：增加，增添。｜今復見佛，功德增益。(161c)｜交加累積，重疊增益。《高唐賦》｜（戰國）

減：去掉一部分。｜任實首情，每減香錢。(157b)｜故禮主其減，樂主其盈。《禮記·樂記》｜（戰國）

三、位置、姿態改變

垂1：挂下，懸挂。｜樹神垂枝，令吾牽出。(151b)｜彼都人士，垂帶而厲。《詩·小雅·都人士》｜（春秋）

垂下：向下懸挂。｜是大道人，至德多感，大樹垂下。(151b)｜（東漢—）

曲下：彎曲向下。｜其樹曲下就佛。(151b)｜（東漢）

落：脫落。｜頭髮自落，皆成沙門。(151c)｜桑之未落，其葉沃若。《詩·衛風·氓》｜（春秋）

墮1：落，落下。｜調達冠幘，自然墮地。(155c)｜至良所，直墮其履圯下。《史記·留侯世家》｜（西漢）

墮2：下降至不好的狀態或境地。｜行有二事，爲墮邊際。

第七章 無生行爲

(148b)｜（東漢）

墜墮：降落，下降到某一處境。｜自毀人本，墜墮三塗。(162b)｜（東漢—）

脫：離開，擺脫。｜能除恚怒，從是脫淵。(161a)｜魚不可脫於淵，國之利器不可以示人。《老子·三十六章》｜（春秋）

擗〔僻〕：分開，裂開。｜唯有伐樹根擗〔僻〕枝，從食果必矣。(150a)｜（東漢＞）

近：接近，靠近。｜加行八事，飾不近身。(157c)｜吾遠之，敵近之。《孫子·行軍》｜（春秋＞）

就1：趨，趨向。｜其樹曲下就佛，佛牽出池。(151b)｜同聲相應，同氣相求，水流濕，火就燥。《易·乾·文言》｜（春秋）

趣2：趨向，歸向。｜涼風趣龍。(150b)｜異趣而同歸。《管子·形勢》｜（戰國）

向1：往，趨向。｜王自射之，箭還向己。(157c)｜（東漢）

趣向：去向，奔向。｜生所從來？死所趣向？(153a)｜（東漢＞）

往：去，前往。｜如河駛流，往而不反。(160c)｜昔我往矣，楊柳依依。《詩·小雅·采薇》｜（春秋）

過1：經過。｜斯利危脆，若雲過庭。(148b)｜子擊磬於衛，有荷蕢而過孔氏門者。《論語·憲問》｜（春秋）

停：停留。｜人生世間，命不久停。(160c)｜停久不移，將士懈怠。《吳子·論將》｜（戰國＞）

反1：還歸，回。｜如河駛流，往而不反。(160c)｜吾自衛反魯，然後樂正。《論語·子罕》｜（春秋○）

交：錯雜，交錯。｜善溫聞稱佛聲舉，身毛豎，心喜交胸。(156a)｜獸蹄鳥跡之道交於中國。《孟子·滕文公上》｜（戰

國）

　　交集：指不同的事物、感情聚集或交織在一起。｜瞻睹尊妙，驚喜交集。（148a）｜涕流交集兮，泣下漣漣。《九嘆·憂苦》｜（西漢）

　　集布：聚集分布。｜若能以金錢，集布滿園，爾乃出耳。（156b）｜（東漢—）

　　散：散播。｜忉利天帝，華散佛上。（153b）｜（東漢）

　　起5：凸出，高起。｜見水隔起，其下揚塵。（151b）｜（東漢＞）

　　隔：隔斷。｜見水隔起，其下揚塵。（151b）｜（東漢—）

　　竪：直立，樹立。｜於是迦葉，心驚毛竪。（151c）｜（東漢）

　　直1：挺直。｜群臣俱前，直揖却坐。（159b）｜且夫枉尺而直尋者，以利言也。《孟子·滕文公下》｜（戰國）

　　屈伸：彎曲與伸展。｜佛如人屈伸臂頃。（150c）｜九地之變，屈伸之利。《孫子·九地》｜（春秋）

四、隱藏顯露

　　彰：顯揚，表彰。｜唯佛與佛，其德乃彰。（155a）｜無有遠邇，用罪伐厥死，用德彰厥善。《尚書·盤庚上》｜（西周）

　　表彰：彰明，顯示。｜吾以四定，表彰法禦。（161b）｜（東漢）

　　現：顯露，出現。｜是時世尊，爲其五人現道神足。（148a）｜（東漢）

　　宣叙：顯明。｜二曰五色雜類，宣叙其形。（150a）｜（東漢）

　　出2：出現，顯露。｜尋如所言，乳出形復。（149a）｜河

第七章 無生行爲

出圖,洛出書,聖人則之。《易·繫辭上》｜(春秋)

出6:發出,生出,產生。｜若有輕突入靖室者,吐火出毒。(149c)｜六五:出涕沱若。《易·離》｜(西周)

放1:發出,發射。｜天放大光,照於竹園。(156b)｜(東漢)

出4:出生,出現。｜佛出照世間,爲眾除憂患。(159c)｜河出圖,洛出書,聖人則之。《易·繫辭上》｜(春秋)

出世:出現。｜如來出世,權慧現身。(160c)｜(東漢)

發露:事發,暴露。｜事會發露,王大恚之。(158a)｜(東漢)

溢:散露。｜情蕩外交,志溢邪趣。(157c)｜(東漢)

開:開啟,打開。｜驚走趣戶,戶輒自開。(149a)｜以開百室,百室盈止,婦子寧止。《詩·周頌·良耜》｜(西周)

通3:沒有阻塞可以通過,通行。｜如來到門,閉而不通。(163a)｜我可以往,彼可以來曰通。《孫子·地形》｜(春秋)

閉1:門戶關閉。｜城門自閉,車馬俱躓。(152a)｜閉門而索客。《左傳·成公十七年》｜(春秋)

蔽:蒙蔽,壅蔽。｜王聞正言,垢重情蔽。(159c)｜以誣道蔽諸侯,罪莫大焉。《左傳·襄公二十七年》｜(春秋)

隱:隱蔽,隱藏。｜女引詣佛,奄然隱焉。(149c)｜天地變化,草木蕃,天地閉,賢人隱。《易·坤·文言》｜(春秋)

沒1:隱沒,消失。｜飛從東來,沒佛坐前。(152b)｜(東漢)

隱伏:潛伏,隱藏。｜蠱毒隱伏,吉瑞和清。(157b)｜坎爲水,爲溝瀆,爲隱伏。《易·説卦》｜(春秋)

覆2:覆蓋,遮蔽,蒙蔽。｜而自陳言愚癡罪覆,違失言信。(163a)｜帝令燕往視之,鳴若諡隘,二女愛而爭搏之,覆以玉筐。《呂氏春秋·音初》｜(戰國)

委藏：躲藏。｜因魔來戰，是以委藏。(148a)｜（東漢）

出沒：出現與隱沒。｜住空現變，出沒七反。(152b)｜（東漢）

五、起止成毀

（一）起

始：開始，開端。｜替等罪弊隨流入淵，始於今日。(154a)｜無若火始焰焰。《尚書·洛誥》｜（西周）

起3：興起。｜三者火起不覺。(162b)｜水潦方降，疾瘧方起。《左傳·定公四年》｜（春秋○）

興1：興，起，產生。｜道人豫知王意必興暴害。(148c)｜積土成山，風雨興焉。《荀子·勸學》｜（戰國）

舉2：興起，發動。｜善溫聞稱佛聲舉。(156a)｜然後十萬之師舉矣。《孫子·作戰》｜（春秋＞）

發1：發生，產生。｜惡心內發。(148c)｜言出乎身加乎民，行發乎邇見乎遠。《易·繫辭上》｜（春秋）

生2：滋生，產生。｜殃禍由生。(149c)｜道生一，一生二。《老子·四十二章》｜（春秋）

出1：產生，發生。｜禍豐是生，正由心出。(159c)｜萬物出乎震。《易·說卦》｜（春秋）

（二）止

終：盡，結束。｜此人者，昨暮命終。(147c)｜六二：介於石，不終日。《易·豫》｜（西周）

竟：終了，完畢。｜女舞未竟，忽然不見。(149b)｜鞫人忮忒，譖始竟背。《詩·大雅·瞻卬》｜（春秋）

畢：完成，完結。｜變畢叉手，長跪白佛。(152b)｜公事

第七章　無生行爲

畢，然後敢治私事。《孟子·滕文公上》｜（戰國）

畢竟：了結。｜斯處無憂，眾行畢竟。(149a)｜（東漢）

了2：完畢，結束。｜吾所償對，於此了矣。(163c)｜晨起早掃，食了洗滌。王褒《僮約》｜（西漢）

息：停止，停息。｜父王恩愛未息。(155c)｜上六：冥升，利於不息之貞。《易·升》｜（西周）

止1：停止，終止。｜王解迷止，辭退還宮。(149a)｜吾見子，於此止矣！《國語·吳語》｜（春秋）

休止：停息，中止。｜展轉五道，無有休止。(153a)｜乃命宋昌參乘，張武等六人乘傳詣長安，至高陵休止。《史記·孝文本紀》｜（西漢）

（三）成濟

成1：完成，實現，成功。｜若真道成，願先度我。(149a)｜迄用有成，維周之禎。《詩·周頌·維清》｜（西周）

遂：完成，成功。｜吾願遂矣！(153b)｜君子以致命遂志。《易·困·象傳》｜（春秋）

逮1：得。｜佛爲說法，逮無垢法眼。(149a)｜（東漢）

逮得：得到，得成。｜阿耆達心悅結解，逮得法眼淨。(163b)｜（東漢—）

諧：辦妥，辦成。｜大道人，極神至妙，所作皆諧。(151b)｜（東漢）

先達：到達，達到。｜欝俾迦葉，名聲先達。(152b)｜攻之不可，達之不及。《左傳·成公十年》｜（春秋）

合成：聚合而成。｜人生於世，四大合成。(160c)｜（東漢）

（四）毀敗

敗：毀壞。｜持八關齋，爲婦所敗。(157a)｜大車以載，

積中不敗也。《易·大有》|（春秋）

　　傷敗：敗壞。|則令善穀傷敗。(158c) |則茂木枯槁，工匠之輪多傷敗。《春秋繁露·五行順逆》|（西漢>）

　　斷壞：折斷損壞。|肢節斷壞。(149a) |（東漢）

　　斷滅：絕滅。|恩愛斷滅，敬心內發。(155c) |（東漢）

　　壞裂：破壞。|壞裂俗網，息心寂行。(154a) |（東漢）

　　滯：滯澀，阻礙。|是使乃心滯而不敘。(156a) |九竅通鬱，精神察滯。宋玉《高唐賦》|（戰國）

第四節　關　係

一、位置關係

（一）綫性關係與平面關係

　　齊2：整齊，平齊。|於上稍下，正至迎次，與人頭齊。(155a) |齊也者，言萬物之絜齊也。《易·說卦》|（春秋）

　　高出：高過，突顯。|高出人頭，使底揚塵。(151b) |諸竈必爲屛，火突高出屋四尺。《墨子·號令》|（戰國）

　　列：陳列，排列。|廬舍止處，列居水邊。(151c) |且入河外列城五。《國語·晉語》|（春秋）

　　在2：居於，處於。|志蕩在欲行嗜欲增根栽。(148b) |九二：見龍在田，利見大人。《易·乾》|（西周）

　　住2：停留，留。|住空現變，出沒七反。(152b) |（東漢>）

　　去2：距離，離開。|去城四十里。(155a) |梁丘在曹邾之間，去齊八百里。《穀梁傳·莊公三十二年》|（戰國）

随4：跟從，追從。｜福祐隨身。（162b）｜音聲相和，前後相隨。《老子·二章》｜（春秋）

及：追上，趕上。｜價高，子必不及。（156c）｜駟不及舌。《論語·顏淵》｜（春秋）

逮2：及。｜若是日耶，吾目得逮。（150a）｜始命百官，施捨已責，逮鰥寡，振廢滯，匡乏困。《左傳·成公十八年》｜（春秋）

追1：隨。｜美音喜躍，宿行所追。（157a）｜（東漢）

追逮：追隨，追及。｜長者至心，臥不安席，先福追逮，福德應全。（153b）｜（東漢—）

至：到，達到。｜未至中間，道逢梵志。（148a）｜六三：負且乘，致寇至，貞吝。《易·解》｜（西周○）

連：連接。｜誓要相連，是使門閉。（152b）｜夙沙衛連大車以塞隧而殿。《左傳·襄公十八年》｜（春秋）

接：達到，遍及。｜威神所接，箭化作華。（162a）｜暢之四支，接之肌膚。《墨子·修身》｜（戰國）

著2：依附，附著。｜有琉璃屐，著足而生。（149a）｜風行而著於土。《左傳·莊公二十二年》｜（春秋）

通1：到達，通到。｜積一行作佛，從是通聖道。（148a）｜道遠難通，望大難走。《國語·晉語二》｜（春秋）

貫：射中，穿透。｜佛念當貫船底入。（151b）｜舞則選兮，射則貫兮。《詩·齊風·猗嗟》｜（春秋）

（二）容受與被容受關係

受3：盛，容納。｜若用受水，完者恒滿。（162c）｜象曰：君子以虛受人。《易·咸·象傳》｜（春秋）

盛貯：收藏，存放。｜喻如穿器，無所盛貯。（162c）｜（東漢＞）

滿2：足，達到界限。｜重借滿三，迦葉惟疑。（150b）｜

不滿八歲以下皆爲無服之殤。《儀禮·喪服》｜（春秋）

沒溺：沉沒。｜迦葉見佛入水，恐其沒溺。(151b)｜不臨於深淵，何以知沒溺之患。《說苑·雜言》｜（西漢）

漏：液體、氣體、光綫等從孔隙中滲出或透出。｜善治堤塘，勿漏而已。(158c)｜九二：井谷射鮒，甕敝漏。《易·井》｜（西周）

漏盡：漏光。｜完者恒滿，穿者漏盡。(162c)｜（東漢一）

二、性質關係

（一）因順、依照、符合

順1：沿著同一個方向。｜即從門徒，順河而上。(151c)｜順彼長道，屈此群醜。《詩·魯頌·泮水》｜（春秋）

隨1：沿著，順著。｜見諸梵志衣被什物及事火具，隨流漂下。(151c)｜隨水而行。《管子·度地》｜（戰國○）

尋：隨著，循著。｜尋光詣佛。(149a)｜（東漢）

順2：順應，依順。｜夫爲世間將，順正不阿枉。(152c)｜順乎天而應乎人，革之時大矣哉。《易·革·象傳》｜（春秋）

因順：依順，按照。｜因順本旨，速成法要。(149b)｜（東漢一）

隨2：依據，按照。｜各隨發心，如行所得。(155b)｜夫聖人隨時以行，是謂守時。《國語·越語》｜（春秋）

如3：隨順，依照。｜各隨發心，如行所得。(155b)｜此其言即位何，如其意也。《公羊傳·桓公元年》｜（戰國）

案：依據，按照。｜王即案先王遺令。(152a)｜國亂而治之者，非案亂而治之之謂也。《荀子·不苟》｜（戰國）

准：依據，根據。｜導從鹵簿，壹准聖王出入法則。

(155a)｜因便而教，准利而行。《管子·兵法》｜（戰國＞）

可 1：符合，適合。｜每謂其味，不可尊口。(163a)｜故可道而從之，奚以損之而亂。《荀子·正名》｜（戰國）

應 1：符合，適應。｜大人百福德，神妙應相經。(150b)｜曲者中鉤，直者應繩。《莊子·馬蹄》｜（戰國）

應節：適應節令。｜下種應節，耘除草穢。(162b)｜（東漢）

（二）導致

引：招致。｜合五百人僉然應命，本願相引。(157a)｜相引以名，相結以隱。《莊子·外物》｜（戰國）

使 1：致使，讓。｜乃使斯人，忽棄榮利。(149b)｜維子之故，使我不能餐兮。《詩·鄭風·狡童》｜（春秋）

令 2：使。｜今使女人入我法律者，必令佛清净梵行不得久住。(158c)｜慶既令居，韓姞燕譽。《詩·大雅·韓奕》｜（春秋＞）

使然：使其如此。｜此兒宿命，罪行使然。(153a)｜士非好戰而輕死，輕重之分使然也。《管子·輕重甲》｜（戰國）

致 2：造成，導致。｜榮位尊豪，快樂如意，皆是前世福德所致。(153a)｜致冰匪霜？致墜靡嫚？《漢書·韋賢傳》｜（西漢）①

（三）屬性關係

爲 3：是，表身份、擁有、地點等。｜要因五陰受盛爲苦。(148c)｜公乃自以爲功。《尚書·金縢》｜（西周＞）

是：表示肯定判斷。｜若是日耶，吾目得逮。(150a)｜是社稷之臣也，何以伐爲？《論語·季氏》｜（春秋）

---

① 此例出自韋賢所作諫詩，故歸入西漢。

爲是：表示肯定判斷。｜即問空聲，爲是何神。（156b）｜爲是其智弗若與。《孟子·告子》｜（戰國＞）

以爲：作爲，用作。｜幢麾羽以爲光飾。（154c）｜使行諸晉國，以爲常法。《左傳·文公六年》｜（春秋）

爲2：變成。｜如來化毒，皆使爲華。（150b）｜高岸爲谷，深谷爲陵。《詩·小雅·十月之交》｜（春秋）

成2：變成，成爲。｜比丘皆成沙門。（151c）｜積土成山，風雨興焉。《荀子·勸學》｜（戰國）

非：不，不是。｜所以者何？僞非真故。（148b）｜非臺小子，敢行稱亂。《尚書·湯誓》｜（西周）

（四）等差關係

若：如，像。｜斯利危脆，若雲過庭。（148b）｜若網在綱，有條而不紊。《尚書·盤庚上》｜（西周＞）

如1：像，如同。｜如泡如沫，愚者戀著。（149c）｜其崇如墉，其比如櫛。《詩·周頌·良耜》｜（西周＞）

似：像，類似。｜屋室眾具，皆似塚墓。（149a）｜其言偷，不似民主。《左傳·襄公三十一年》｜（春秋）

譬如：比如。｜譬如人夢，寤則無見。（148b）｜子曰："爲政以德，譬如北辰。"《論語·爲政》｜（春秋○）

譬若：譬如。｜譬若春華，色無久鮮。（160c）｜譬若驕子，不可用也。《孫子·地形》｜（春秋○）

喻如：如，像。｜喻如下田，沒溺不生。（162c）｜（東漢—）

同：相同，一樣。｜議合心同，嚴辦當發。（154a）｜弗蠲乃事，時同於殺。《尚書·酒誥》｜（春秋）

等：等同，同樣。｜人功不偏，所收不等者。（162b）｜妾之事女君，與婦之事舅姑等。《儀禮·喪服》｜（春秋）

齊1：相同，一樣。｜功齊迦葉。（152c）｜見賢思齊焉。

《論語·里仁》｜（春秋）

　　合：同，相同。｜議合心同，嚴辦當發。(153c)｜夫大人者，與天地合其德，與日月合其明。《易·乾·文言》｜（春秋）

　　異：區別，分開。｜若王瓶沙，顧視從者，似已無異。(152b)｜盬以異同。《尚書·顧命》｜（西周＞）

　　偏：不相等。｜人功不偏，所收不等者。(162b)｜以禮分施，均遍而不偏。《荀子·君道》｜（戰國）

　　懸殊：差別很大。｜斗斛懸殊。(162b)｜（東漢）

　　如2：及，比得上。｜雖天有善處，皆莫如泥洹。(148c)｜子曰：弗如也，吾與女弗如也。《論語·公冶長》｜（春秋）

　　不如：比不上。｜雖爾，故不如我道真。(150c)｜九五：東鄰殺牛，不如西鄰之禴祭，實受其福。《易·既濟》｜（西周○）

　　未如：不如。｜未如我已得阿羅漢也。(150c)｜今將軍初興，未如魏其，即上以將軍爲丞相。《史記·魏其武安侯列傳》｜（西漢）

　　倍：增加跟原數相等的數。｜帝釋光明，倍於四天。(151a)｜劓辟疑赦，其罰惟倍。《尚書·呂刑》｜（春秋）

　　過2：超過，超越。｜古佛道法，過中不飯。(150a)｜由也好勇過我。《論語·公冶長》｜（春秋）

　　逾：超出界限或範圍。｜逾於所聞，前拜却住。(156b)｜七十而從心所欲，不逾矩。《論語·爲政》｜（春秋）

　　過逾：超過。｜過逾於諸外道異學者上。(159b)｜（東漢—）

　　有兼：超過。｜傾企之情，有兼來趣。(156a)｜（東漢）

第八章 行爲詞分析

第一節 行爲詞概貌

前文我們對《中本起經》上下兩卷文本全部切分歸類後,得到行爲詞 1301 個(詞量),在句中共出現 5316 次(詞次)。詞量是去重後得出的詞語數量,我們可以理解爲詞典中的詞目;詞次是詞語累計使用的次數,能夠反映詞語的實際情況,而詞次比重則能反映語義類型在語篇中的分布及行爲詞的語義分布。詞次與詞量之比,是爲詞頻,其所反映的是這類型詞語平均使用次數的多少。綜合詞次、詞量、詞頻這三個參數,我們整理出《中本起經》行爲詞共時語義分布和歷時語義分布的情況表,詳見表 8-1 與表 8-2:

表 8-1 共時詞義分布表

	有 生						無 生	總 計
	生命過程	五官肢體	心 理	生產生活	人 際	合 計		
詞量比重	30	265	232	274	299	1100	201	1301
	2.3%	20.4%	17.8%	21.1%	23%	84.6%	15.4%	100%
詞次比重	106	1830	862	649	822	4269	1047	5316
	2%	34.4%	16.2%	12.2%	15.4%	80.3%	19.7%	100%
頻次	3.5	6.9	3.7	2.4	2.7	19.2	5.2	24.4

第八章　行爲詞分析

　　從詞量上看，有生行爲詞共占了行爲詞的 84.6%，無生行爲詞只占了 15.4%，該結果反映出《中本起經》中的行爲詞，其絕大多數是與生命體相聯繫的有生行爲詞，而反映無生事物的運動變化、關係的無生行爲詞只占了很小一部分。各類行爲詞的詞量排名爲：人際 > 生產生活 > 五官肢體 > 心理 > 無生 > 生命過程；詞次排名爲：五官肢體 > 無生 > 心理 > 人際 > 生產生活 > 生命過程。頻次排名爲：五官肢體 > 無生 > 心理 > 生命過程 > 人際 > 生產生活。在詞次排名中，五官肢體行爲位居第一，一方面因爲該類行爲詞的詞量本身就不少，另一方面，是因爲一些常用的該類行爲詞出現的次數特別多，例如：聞1（聽說）77次，見1（看見）78次，告（告訴）83次，言（説）128次，曰1（説）152次，問（詢問）73次，等等。詞量比重排在倒數第二的無生行爲詞，在實際使用次數上卻位居第二，其原因是該類的有些詞語較爲常用，如"有"出現了160次，"無1"出現了100次。一些無生行爲詞抽象性高，既可以用於有生物又可以用於無生物，如"在2"共出現了39次，"至2"共出現了32次。詞次比重倒數第一的生命過程類行爲詞在頻次排名中位居第四，説明這類詞語雖然數量不多，但是使用頻率却較高。人際行爲類和生產生活行爲類的詞次排名均較其詞量排名靠後，説明此兩類詞語數量豐富但是平均使用率不高。

表 8-2　歷時詞量、詞次、詞頻表

	西周	春秋	戰國	西漢	東漢	總計
詞量比重	163	376	208	108	446	1301
	12.5%	28.9%	16%	8.3%	34.3%	100%
詞次比重	1917	1763	622	308	706	5316
	36.1%	33.2%	11.7%	5.8%	13.3%	100%
詞頻	11.8	4.7	3	2.9	1.6	24

表 8-2 反映了不同歷史階段所產生的行爲詞在《中本起經》中的使用情況。其中,詞量排名爲:東漢 > 春秋 > 戰國 > 西周 > 西漢。詞次排名爲西周 > 春秋 > 東漢 > 戰國 > 西漢。西周時期的行爲詞詞量爲倒數第二,詞次却躍居第一,和春秋時期的行爲詞在詞次比重上都超過了 30%。如前所述,詞次比重反映某一類型的詞語在語篇中所占的比重,也就是說,在《中本起經》中,最常見到的就是西周、春秋時所產生的詞語,其次是東漢時新產生的詞語,而戰國和西漢時所產生的行爲詞則使用得較少。從頻次來看,各歷史時期所產生的行爲詞的使用頻次爲西周 > 春秋 > 戰國 > 西漢 > 東漢,這一順序和時代先後的順序完全一致。這表明,由西周和春秋保留下來的詞語,顯示了很强的穩定性。而產生於戰國和西漢及東漢的詞語,其穩定性還有待時間的考驗。

以上我們考察了行爲詞的共時語義分布和歷時語義分布的情況。這裏需要指出的是,本書對行爲詞所進行的歷時考察是針對一個文本内部展開的,具體來講,是對《中本起經》所使用的詞語在產生時間上的歷時性,以及其内部的歷史層次的分析,是考察一個共時平面所使用的詞語内部的歷史層次。歷時語義分布不是不同語義類型的實際的歷史演變。前者是靜態性的,後者是動態性的。

第二節　單、複音詞分析

從音節角度考察,《中本起經》的行爲詞中,單音節詞有 659 個,雙音節詞有 637 個,三音節詞有 2 個,四音節詞有 3 個。

表 8-3 單、複音詞歷時情況

	單音節		雙音節詞		三音節		四音節	
	詞量	詞次	詞量	詞次	詞量	詞次	詞量	詞次
西周	152	1882	11	35				
春秋	311	1637	63	124			1	1
戰國	105	407	102	213			1	2
西漢	32	185	76	121				
東漢	59	167	385	535	2	2	1	1
總計	659	4278	637	1028	2	2	3	4

由表 8-2 可知，《中本起經》中各時期行爲詞的詞量排名爲東漢＞春秋＞戰國＞西周＞西漢，詞次排名爲西周＞春秋＞東漢＞戰國＞西漢。在表 8-3 中，雙音節詞的詞量和詞次在不同時代的分布上基本一致，呈現出從西周到戰國遞增，由戰國到西漢遞增，到東漢又呈現出增多的趨勢。單音節詞的詞量春秋多於戰國，從春秋到西漢詞量下降，東漢詞量稍多於西漢，詞次從西周到東漢呈現出越來越少的趨勢。總的來說，雙音節複合詞和單音節詞語展示了相反的發展趨勢。前者詞量和詞次基本上是越來越多（除西漢略少外）；後者大體是越來越少。在東漢詞語的新質中，複音詞語的數量是單音詞語數量的六倍多，而單音詞的平均使用次數是複音詞的兩倍，說明該時期新產生的詞語多爲複音節，但在初期它們的使用頻次還不高。在不分單複音的詞彙統計中，我們可以看到，詞量較少的西周，詞次卻排名第一，其原因爲西周單音節詞語的詞次較高；春秋時期的總詞量、詞次均排名第二，其主要原因是單音節詞語的詞量和詞次較多；東漢總詞量第一，但是總詞次位居第三。綜上，東漢雙音節複合詞的詞次最高，但是單音節詞的詞次卻是最低的。這是共時材料中單複音詞

的歷時層次情況。

　　站在共時角度看單複音詞的使用情況，單音詞總量比複音詞總量略高，但總詞次却是複音詞的4倍，由此可以看出，單音詞對詞彙仍有很大的影響。

　　就東漢複音詞的表義情况而言，它包括以下兩種情况：第一，結合同義詞部分的分析可見，至少有約33％的複音詞在詞義上只有形式上的翻新而没有意義的豐富。第二，伴隨着詞彙的複音化，詞語表義的複雜化日趨明顯。詞語表義複雜化有不同的表現：其一，行爲方式可通過詞語表現出來，例如"遊觀、詰問、飛升、燒害、燒殺、射殺、磨滅、出征、持與、悲啼"等；其二，行爲的結果可通過詞語表現出來，如"漏盡、馳散、拽出"等；其三，行爲的趨向可通過詞語表現出來，例如"移近、還到、飛出、退入、漂下"等；其四，行爲的進行狀態可通過詞語表現出來，例如"起念"的"起"表明開始的狀態，"臨終"的"臨"表示接近的狀態，"補成"的"成"表明完成的狀態。

第三節　同義行爲詞分析

一、同義詞描寫

　　意義和概念是緊密聯繫的，意義可以概念化，詞所表達的意義，往往是通過存在於說話者和聽話者心中的概念實現。① 在本書中，筆者以義位爲單位，通過對《中本起經》文本的分析，共得到行爲詞1301個。但顯然我們不能據此就認爲《中本起經》

---

① 概念可以指語段、句子、片語和詞語的意義，但主要是詞語的意義，因爲詞的形式比較固定，所以我們也是從詞義的角度談論概念。

中就有這麼多不同概念，因爲行爲詞中有許多詞語表達的是相同概念，從而形成同義關係。

不過，在實際研究中，同義關係的確定仍存在一些問題。在詞義相同的程度上，等義詞、一般同義詞、近義詞是一個連續統，其間沒有明確清晰的界限。例如："恕"和"矜恕"兩詞中，"矜恕"融合了同情和寬恕兩個概念。"寬恕"的概念和"同情"的概念有所關聯，然後結合在一起，這樣形成的概念和原本的兩個概念都有關係，處在過渡帶上，不容易將其準確地歸於哪一類型。此類詞語還有"妒疾"和"讒疾"，後者融合了説壞話的意義。有鑒於此，學者們在同義詞的描寫中多從原型範疇理論的角度展開研究。在意義相似度這個範疇中，等義詞居於核心地位，並根據意義關係的遠近向外擴展，處於最邊緣地位的則是反義詞。"處於同義詞和近義詞這兩個範疇的中心地位的詞，其區別還是清楚的。"王彤偉在《〈三國志〉同義詞研究》（2007）中專門談論了類典型理論（原型理論）對理解等義詞和近義詞關係的作用。據此，筆者在操作中，適當地包括了一些處於過渡地帶的詞語。

《中本起經》行爲詞中有同義關係的詞語如下（詞語右下所標數字爲詞次）：

（一）生命過程行爲

生存｜活（西周）$_1$、生1（春秋）$_1$、生存（西漢）$_1$

死亡｜死（西周）$_{19}$、亡（西周）$_5$、亡［巨］命（東漢）$_1$、長衰（東汉）$_1$、過去（東漢）$_2$、終亡（東漢）$_3$

疾病｜疾（西周）$_1$、病（春秋）$_7$、得病（西漢）$_2$、病瘦（東漢）$_1$

（二）五官肢體行爲

1. 口部

説｜言（西周）$_{128}$、曰1（西周）$_{152}$、云（春秋）$_3$、説（春

秋)$_{35}$

對……説，告｜告（西周）$_{83}$、謂 3（西周）$_{12}$、語（春秋）$_7$、謝（戰國）$_1$、報 1（戰國）$_3$、白（西漢）$_{59}$、白言（西漢）$_6$

回答｜答（西周）$_{56}$、對（西周）$_{19}$

稱作、叫作｜謂 2（西周）$_{10}$、曰 2（戰國）$_{19}$、曰爲（春秋）$_3$

名字叫作，稱作｜名 1（春秋）$_{40}$、名曰（春秋）$_{19}$、字（東漢）$_{10}$、字曰（東漢）$_4$

稱號或取號｜號（春秋）$_6$、號曰（戰國）$_1$、號爲（戰國）$_1$

大聲叫喊｜呼 1（春秋）$_1$、喚（東漢）$_1$

宣布，公開説｜宣（西周）$_6$、宣陳（東漢）$_1$

詢問、請教｜問（西周）$_{73}$、顧問（戰國）$_3$、請 3（戰國）$_2$、啟請（東漢）$_1$、請啟（東漢）$_1$

詰問｜質（戰國）$_3$、責 2（西漢）$_1$、訟問（東漢）$_2$、詰問（東漢）$_1$

讚美｜美（春秋）$_1$、譽（春秋）$_1$、讚（東漢）$_2$、稱讚（東漢）$_1$

誹謗｜譖（春秋）$_4$、誹謗（戰國）$_1$、謗毀（西漢）$_1$

2. 耳目鼻首行爲

聽説｜聞 1（西周）$_{77}$、承 1（東漢）$_5$

看見｜見 1（西周）$_{78}$、睹（春秋）$_4$、顧見（戰國）$_1$

觀看｜視（西周）$_5$、瞻（西周）$_1$、觀（春秋）$_9$、瞻睹（東漢）$_3$

回頭看｜反顧（戰國）$_1$、顧視（戰國）$_2$、顧望（戰國）$_1$、旋顧/還顧（西漢）$_2$

流涙｜泣（春秋）$_2$、垂涙（戰國）$_1$、墮涙（東漢）$_1$、泣涙（東漢）$_2$、涕涙（東漢）$_2$

磕頭｜稽首（西周）$_{12}$、叩頭（西漢）$_1$

仰頭｜仰頭（東漢）$_1$、舉頭（東漢）$_2$

3. 四肢行爲

站立｜立1（西周）$_2$、住1（東漢）$_{10}$

向上跳｜踊（春秋）$_2$、踊身（東漢）$_1$

拿著｜持2（春秋）$_{15}$、奉2（春秋）$_1$

打｜搞打（東漢）$_1$、打撲（東漢）$_1$

步行｜行2（西周）$_7$、步（西周）$_1$、步涉（東漢）$_2$

離開｜去1（西周）$_{20}$、行1（春秋）$_{31}$、捨2（戰國）$_1$、別去（東漢）$_1$

來到｜來至（戰國）$_1$、來入（西漢）$_1$

返回｜還（西周）$_{43}$、歸2（西周）$_5$、反1（春秋）$_3$、還至（春秋）$_2$、來還（西漢）$_1$、還到（西漢）$_1$

往｜適（西周）$_4$、之（春秋）$_1$、過3（春秋）$_3$、往（春秋）$_{28}$、詣2（西漢）$_{45}$、行詣（東漢）

去到｜行到（東漢）$_2$、去至（西漢）$_1$

入席｜就席（春秋）$_1$、就坐（西漢）$_4$

途經｜道過（東漢）$_2$、路由（東漢）$_4$

到達｜至（西周）$_{32}$、到（春秋）$_{14}$、極（春秋）$_2$

前進｜進（西周）$_3$、前（戰國）$_{29}$、進前（戰國）$_4$

後退｜退（西周）$_{26}$、却1（春秋）$_{17}$、逡巡（戰國）$_1$

登上｜升/昇（西周）$_7$、登（西周）$_1$、上（春秋）$_9$

（三）心理行爲

1. 心理感受

快樂｜快（西周）$_6$、樂2（西周）$_{13}$、歡（西周）$_2$、喜/憙（春秋）$_{30}$、悦（春秋）$_6$、喜樂（春秋）$_1$、喜悦（戰國）$_4$、踴躍（春秋）$_2$、歡喜（戰國）$_{29}$、歡心（戰國）$_1$、愛樂（西漢）$_1$、快樂（東漢）$_1$、快喜（東漢）$_1$、喜踊（東漢）$_1$、喜躍（東漢）$_1$、

欣悦(東漢)₃、欣樂(東漢)₁、踊逸(東漢)₂。

憂愁│憂(西周)₁₀、愁(春秋)₁、慘(春秋)₁、惆悵(戰國)₁、憂毒(西漢)₁、憂惱(西漢)₁、憒(戰國)₁、憂憒(東漢)₁、愁憒(東漢)₁

悲傷│悲(春秋)₄、悲憐(戰國)₁、哀悴(東漢)₁、哀慟(東漢)₁、悲傷(東漢)₁、悲疾(東漢)₁

惱怒│怒(春秋)₆、忿(春秋)₁、忿然(戰國)₁、含瞋(戰國)₁、恚怒(東漢)₁、瞋怒(東漢)₁

恐畏│畏(西周)₁、恐(西周)₄、懼(春秋)₅、恐懼(春秋)₁、怖(戰國)₄、恐畏(戰國)₂、惶恐(西漢)₁、怖悸(東漢)₂、惶怖(東漢)₁、懅(東漢)₁

2.念想、感觸

生念│發念(東漢)₁、生念(東漢)₁

忘記│忘(春秋)₁、忘失(東漢)₂

心有所感而動。│動1(西周)₃、感動(戰國)₄

3.思考解知、辨別判斷

思考│思2(西周)₅、惟(春秋)₁₅、念(戰國)₄₁、思惟(西漢)₂、思想(東漢)₁、思憶(東漢)₁、尋思(東漢)₂

知道│知(西周)₃₇、識2(春秋)₄、審(戰國)₇、察2(戰國)₄、見2(春秋)₃、明2(春秋)₂、明曉(東漢)₁、解1(戰國)₃₃、了1(東漢)₂、解了(東漢)₁

覺知,意識到。│覺1(戰國)₃、覺知(西漢)₁、覺識(東漢)₁

覺悟│悟(西周)₆、覺1(戰國)₃

疑惑│疑3(西周)₆、惑(春秋)₇、抱疑(東漢)₁、遺疑(東漢)₁、惟疑(東漢)₂

以爲│謂1(春秋)₉、謂爲(戰國)₁₀、計爲(東漢)₁、意謂(東漢)₁

猜想｜疑 2（戰國）[3]、想（東漢）[1]

計量｜量（春秋）[1]、度量（戰國）[1]、數（戰國）[1]

4. 接物態度

愛｜愛 2（西周）[3]、親（春秋）[4]、親愛（春秋）[1]

憐憫｜哀（西周）[4]、哀矜（西周）[1]、潛（東漢）[1]、哀顧（戰國）[1]

仰慕｜注（東漢）[1]、注仰（東漢）[2]、渴仰（東漢）[1]、傾企（東漢）[1]

妒嫉｜嫉（戰國）[1]、妒嫉（戰國）[1]、妒憤（東漢）[1]、讒疾（嫉）（東漢）[1]

怨恨｜恨 2（春秋）[1]、惱恨（東漢）[1]、懟恨（東漢）[1]

寬恕｜恕 1（戰國）[2]、矜恕（東漢）[1]、恕原（東漢）[1]、原恕（東漢）[1]

珍視｜貴異（春秋）[1]、珍（東漢）[1]

忽視｜輕（春秋）[5]、忽棄（西漢）[2]、忽（東漢）[1]

希望｜欲 2（春秋）[50]、望 2（戰國）[1]、欲望（西漢）[1]、希望（東漢）[1]、冀 1（戰國）[2]、願 1（西漢）[3]、唯願（西漢）[6]、願樂（東漢）[3]、幸（春秋）[34]、庶（西漢）[1]

貪欲｜欲 1（春秋）[1]、貪 1（春秋）[12]、貪淫（春秋）[1]、貪欲（春秋）[2]、嗜欲（戰國）[1]

吝惜｜吝（春秋）[1]、吝惜（東漢）[1]、愛 1（戰國）[2]

沉迷、戀著｜沉（戰國）[1]、耽（躭）荒（西漢）[2]、戀（西漢）[1]、迷（東漢）[1]、猗（東漢）[1]

羞恥｜恥（春秋）[1]、羞恥（西漢）[1]

（四）生產生活行為

1. 居止出行

居處｜處（西周）[11]、在 2（西周）[39]、居 2（西周）[3]、著 3

(東漢)₁

住宿｜頓（戰國）₁、止2（春秋）₁₁、止宿（西漢）₁、止頓（東漢）₂、頓止（東漢）₁、止住（東漢）₁、住頓（東漢）₁、停住（東漢）₁、留止（東漢）₂

停留｜留（春秋）₁、停（戰國）₁、住2（東漢）₆

睡眠｜寢（春秋）₁、寐（春秋）₁、臥（春秋）₁、眠（戰國）₁

睡醒｜覺2（春秋）₅、寤（春秋）₂

乘坐｜乘（西周）₄、駕（春秋）₁、駕乘（東漢）₁

2. 衣食衛生

穿著｜服1（春秋）₅、被2（春秋）₂、著1（東漢）₄

吃｜食2（西周）₁₄、餐（春秋）₂、飯（春秋）₁₆、飯食（戰國）₁、食噉（東漢）₁

做飯｜作廚（東漢）₁、作飯（東漢）₁

洗浣｜洗（春秋）₂、浣（春秋）₂、浣濯（東漢）₁、洗浣（東漢）₁

洗澡｜浴（春秋）₁、沐浴1（春秋）₂、澡浴（東漢）₅

3. 商業理財

購買｜貿（春秋）₁、市（春秋）₁、市買（戰國）₁

4. 學習修行行爲

修習｜修1（春秋）₇、修事（東漢）₁、修治2（東漢）₂

5. 利用處置製造

（1）利用需求

依賴，憑藉｜怙（春秋）₁、恃（春秋）₃

積累｜積（西周）₄、累（春秋）₁

損耗｜費（春秋）₁、損（戰國）₂、減損（西漢）₁、損耗（西漢）₁、費損（東漢）₁

窮盡，用完｜極2（春秋）₄、竭（春秋）₁、盡2（春秋）₁

獲得｜得（西周）₆₈、獲1（西周）₂

尋找｜求1（春秋）[10]、求索（戰國）[1]、推索（東漢）[1]

(2) 處置改造

整治｜治（西周）[2]、修2（春秋）[1]、整（春秋）[1]、整頓（西漢）[1]、修治（東漢）[1]

捨棄｜捨1（西周）[7]、棄（西周）[6]、去3（春秋）[1]、放2（戰國）[1]、委棄（東漢）[1]

拋棄｜棄捐（戰國）[1]、捐棄（戰國）[2]

去除｜消（春秋）[1]、除（春秋）[4]、拔2（春秋）[1]

散解｜解2（春秋）[8]、散解（東漢）[1]、馳散（東漢）[1]

隔斷，阻塞｜斷（西周）[8]、閉3（西周）[1]、塞（春秋）[1]

抑制，控制｜制（春秋）[3]、抑（春秋）[1]、抑卻（東漢）[1]、禁制（戰國）[1]、制持（東漢）[1]、制止（東漢）[1]、秉持（東漢）[1]、約（春秋）[1]、撿（東漢）[1]、攝（東漢）[3]

完成｜卒（春秋）[1]、成3（春秋）[7]

(3) 製造備辦

製造｜作2（西周）[6]、為5（西周）[3]、作1（春秋）[20]、造2（戰國）[1]

建造｜立2（春秋）[1]、起（西漢）[1]、興立（東漢）[1]、造起（東漢）[1]、修立（東漢）[1]

備辦｜具2（春秋）[2]、修備（春秋）[1]、辦1（東漢）[2]、備辦（東漢）[1]、嚴辦（東漢）[2]

6. 行動

抽象行動｜行3（西周）[10]、為4（西周）[6]、作3（戰國）[5]、辦2（西漢）[1]

做能造成危害的事。｜為害（春秋）[3]、作害（東漢）[1]、為惡（戰國）[1]

遭受｜被1（春秋）[2]、受2（春秋）[1]、遇2（春秋）[1]

守持｜奉4（西周）[1]、持1（春秋）[9]、守（春秋）[2]

執行｜履（春秋）₁、履行（西漢）₁、執行（東漢）₁

遵從｜奉承（春秋）₁、順承（春秋）₁

順從｜從3（西周）₁、隨3（戰國）₃

違背｜違（西周）₅、背（春秋）₁、反2（春秋）₂、違失（東漢）₁、違遠（東漢）₁、犯2（春秋）₂

（五）人際行爲

1. 施受

給與，授｜授（西周）₇、施2（戰國）₆、施與（戰國）₂、持與（東漢）₁、授拜（東漢）₁、拜1（東漢）₁

接受｜受/授1（西周）₄₄、承2（春秋）₈、奉5（戰國）₁、蒙（戰國）₆、稟受（西漢）₁

容納｜容（春秋）₂、接納（東漢）₁

采納觀點｜納（戰國）₂、采納（東漢）₁、采省（東漢）₁、攢采（東漢）₁

驅逐｜斥徙（東漢）₁、敕逐（東漢）₁、推逐（東漢）₂

黜退｜毀廢（西漢）₁、阻棄（東漢）₂

命令｜命（西周）₄、令1（春秋）₄、命令（戰國）₃、教1（東漢）₂、教敕/教敇（東漢）₃、顧命（東漢）₃

教導｜教2（戰國）₇、教授（西漢）₄

使擺脫愚昧。｜開化（東漢）₁、開蒙（東漢）₁

受命｜受命（西周）₁、承命（春秋）₁、受令（戰國）₁、奉命（戰國）₁、應命（西漢）₁、被命（東漢）₁、承教（戰國）₁、受教（戰國）₈、奉敕（東漢）₁、受敕1（東漢）₅

接受教化｜承風（戰國）₁、從下風（東漢）₁

請求｜乞（春秋）₇、請1（春秋）₃、求3（春秋）₂

延請｜請2（西漢）₂₂、守請（東漢）₁、延致（東漢）₁

約言｜誓要（春秋）₂、要（春秋）₂

許諾｜許（西周）$_2$、許諾（春秋）$_1$、諾1（春秋）$_1$

許可｜可2（春秋）$_1$、聽2（戰國）$_6$、然許（東漢）$_1$、然可（東漢）$_1$、許可（東漢）$_4$

答應聲｜諾2（春秋）$_1$、敬諾（戰國）$_1$、唯諾（東漢）$_3$

2. 交往

相逢｜遇1（西周）$_3$、逢（春秋）$_2$、值（西漢）$_3$

聚會｜會（春秋）$_3$、合會（東漢）$_2$

告辭｜辭（戰國）$_1$、辭退（東漢）$_4$、乞退（東漢）$_2$、告別（東漢）$_1$

光臨｜臨（春秋）$_1$、照臨（春秋）$_2$、顧3（東漢）$_2$、顧臨（東漢）$_2$、臨顧（東漢）$_1$、顧下（東漢）$_2$、臨眄（東漢）$_1$、臨盼（東漢）$_1$

造訪｜造1（春秋）$_3$、詣1（戰國）$_{14}$、覲見（東漢）$_1$、造覲（東漢）$_1$

敬稱對方光顧。｜降2（春秋）$_2$、枉（戰國）$_2$、屈（西漢）$_2$、屈辱（東漢）$_1$、枉屈（東漢）$_1$

揖拜｜揖（春秋）$_4$、揖拜（東漢）$_1$

行禮｜禮（春秋）$_{26}$、作禮（東漢）$_{15}$、禮拜（東漢）$_4$

幫助｜助（西周）$_2$、輔（西周）$_1$、佐助（西漢）$_1$、營佐（東漢）$_1$

給別人利益。｜利（西周）$_3$、惠（春秋）$_1$、利益（東漢）$_1$、饒益（東漢）$_1$

救濟｜救（西周）$_2$、濟（春秋）$_2$、矜濟（東漢）$_1$、拯濟（東漢）$_1$、垂救（東漢）$_1$

保護｜保1（西周）$_1$、護1（西漢）$_1$

強取，搶奪｜奪（春秋）$_2$、劫奪（西漢）$_1$、奪取（西漢）$_1$、劫取（東漢）$_1$

盜竊｜盜（春秋）$_1$、盜竊（春秋）$_1$

欺騙｜詐（春秋）₁、欺（春秋）₁

損害，毀害｜犯 1（春秋）₁、害（春秋）₉、傷（戰國）₂、毀（春秋）₃、毀害（東漢）₁、禍（春秋）₁、危（春秋）₁

污辱｜毀辱（戰國）₁、辱（戰國）₁

侵陵｜侵欺（戰國）₁、侵陵（戰國）₁

殺害｜殺（西周）₅、殺害（東漢）₁

尊崇，效法｜師（戰國）₁、師宗（東漢）₂、宗師（東漢）₁

推崇，景仰｜宗仰（東漢）₂、奉仰（東漢）₁

降服｜降 1（西漢）₃、降伏（西漢）₂

歸附｜歸 1（春秋）₃、歸心（春秋）₁、歸伏（東漢）₁、靡伏/靡服（東漢）₁

隨從｜從 1（西周）₉、隨從（西漢）₁

侍奉｜事（西周）₁₉、侍（春秋）₂、奉事（戰國）₃、執侍（東漢）₂

3. 社會治理

充當｜爲 1（西周）₂₈、作 4（西周）₄₃、充（戰國）₂

主管｜典（西周）₁、領（戰國）₄、典領（西漢）₁

裁決，判決｜斷當（東漢）₁、處當（東漢）₁

（六）無生行爲

1. 自然運行

照耀｜照 1（春秋）₆、暉（西漢）₃

2. 有無

沒有｜無（西周）₁₀₀、無有（西周）₆

備具｜備（春秋）₁、備具（春秋）₁、具 1（春秋）₁

存在｜在 1（春秋）₂、存 1（戰國）₁

失去｜失（西周）₂、喪（西周）₁

消失｜滅 1（春秋）₃、除 2（春秋）₆、磨滅（西漢）₂、消除

（東漢）[1]

窮盡｜窮 2（春秋）[2]、盡 1（春秋）[13]、彌盡竟（東漢）[1]

3. 變化

改變｜改（西周）[2]、易（西周）[2]、更 2（春秋）[2]、移（春秋）[4]、化 1（春秋）[4]

增加｜增（春秋）[2]、增益（戰國）[2]

落｜落（春秋）[3]、墮 1（西漢）[1]、墜墮（東漢）[1]

趨向｜趣 2（戰國）[2]、向 1（東漢）[3]、趣向（東漢）[1]

發出｜出 6（西周）[4]、放 1（東漢）[1]

出現｜出 4（春秋）[2]、現（東漢）[13]、出世（東漢）[3]

隱藏｜隱（春秋）[3]、沒 1（東漢）[4]、隱伏（春秋）[1]

產生｜發 1（春秋）[15]、出 1（春秋）[1]、起 3（春秋）[7]、生 2（春秋）[17]、興 1（戰國）[6]

終止、停止｜終（西周）[7]、息（西周）[3]、止 1（春秋）[7]、休止（西漢）[1]

完畢｜竟（春秋）[3]、畢（戰國）[16]、了 2（西漢）[1]、畢竟（東漢）[1]

得成｜逮 1（東漢）[2]、逮得（東漢）[10]

成功、完成｜成 1（西周）[26]、遂（春秋）[3]、諧（東漢）[1]

毀壞｜敗（春秋）[2]、傷敗（西漢）[1]

4. 關係

追隨｜隨 4（春秋）[3]、追 1（東漢）[3]、追逮（東漢）[1]

及｜及（春秋）[3]、逮 2（春秋）[1]、接（戰國）[1]

順著｜順 1（春秋）[1]、隨 1（戰國）[2]、尋（東漢）[5]

依據，按照｜隨 2（春秋）[3]、案（戰國）[1]、如 3（戰國）[6]、准（戰國）[1]、順 2（春秋）[2]、因順（東漢）[1]

符合｜可 1（戰國）[1]、應 1（戰國）[2]

導致、致使｜使 1（西周）[20]、令 2（春秋）[36]、致 2（西漢）[6]

属性關係｜爲3（西周）[40]、是（春秋）[45]、爲是（戰國）[9]

成爲｜爲2（春秋）[7]、成2（戰國）[9]

等差關係（如，像）｜若（西周）[10]、如1（西周）[27]、似（春秋）[3]、譬如（春秋）[11]、譬若（春秋）[1]、喻如（東漢）[4]

超過｜過2（春秋）[3]、逾（春秋）[1]、過逾（東漢）[1]、有兼（東漢）[1]

二、同義詞的特點

行爲詞中有179組同義詞，共有詞量651個。

表8-4 同義詞語義分布表

分布	生命過程	五官肢體	心理	生產生活	人際	無生	總計
總詞量	30	265	232	274	299	201	1301
同義組數	3	35	29	38	45	29	179
同義詞量	13	112	143	138	154	91	651
相異概念數	20	188	118	174	190	139	829

從表8-4中可以看到：人際行爲詞總量最多，同義詞組數、詞量也最多，而五官肢體、生產生活詞總量和同義詞組數比心理行爲詞多，但是同義詞的數量少於心理行爲詞，其原因與心理行爲詞有許多下級類別有關，如"知道、明白"類10個、"快樂"類18個、"憂愁"類9個、"悲傷"類6個、"惱怒"類6個、"恐畏"類10個、"思考"類7個、"希望"類10個，等等。

相異概念數是指總詞量裏面表達了多少不同的概念，由公式"相異概念數＝總詞量－（同義詞量－同義組數）"得出。結合這組數據可以看出，《中本起經》中1301個同義行爲詞實際只表達了829個相異的概念。"人際"類相異概念數最多，其次是"五官肢體"類、"生產生活"類、"無生"類、"心理"類、"生命過程行爲"類。"心理"類相異概念數排在倒數第二,說明其中表達相同概念的詞語較多。這就表明,我們在進行漢語詞彙斷代研究時要注意相異概念系統,然後從不同時代的對比中看概念的變化、產生或消亡的規律,以及在共時的語料中看保存前代的相異概念數和新產生的相異概念的情況。

以上各類同義行爲詞中,各組內包含的成員數量各異,其中成員數量超過6個的還有"五官肢體"類的"對……説"7個、"返回"6個、"往"6個;"生產生活"類的"住宿"9個、"抑制控制"10個、"違背"6個;"人際"類的"給與"6個、"受命"10個、"光臨"7個;屬於"無生"類的"依據,按照"6個、"如,像"類6個。這些同義詞組的成員,從其始見時代來看,往往是跨越西周到東漢的各個階段。

以上各類同義行爲詞中,各詞的使用次數也不一樣。如東漢詞語"作禮"使用了15次,"現"13次,"逮得"10次,大部分詞語的使用次數爲是1到5次。有些前代詞語的使用頻次很高,詳見表8-5:

表8-5 同義詞組中高頻詞語表

頻次	詞例
10—20次	憂$_{10}$、若$_{10}$、求1$_{10}$、謂爲$_{10}$、死$_{19}$、止2$_{11}$、食2$_{14}$、事$_{19}$、畢$_{16}$、成1$_{19}$、去1$_{20}$
20—30次	喜$_{30}$、請2$_{22}$、禮$_{26}$、歡喜$_{29}$
30—40次	行1$_{31}$、解1$_{33}$、知1$_{37}$、幸$_{34}$、名1$_{40}$
40—50次	詣2$_{45}$、念$_{41}$、欲2$_{50}$
50—100次	問$_{73}$、聞$_{77}$

《中本起經》行爲詞研究

　　同義概念詞語的使用反映了相關話題的凸顯性，詞頻也有這樣的作用。《中本起經》主要是記載佛祖闡釋佛理、度人傳教的讀物，所以"問、聞"特別多，其他常出現的情景用語還有以下一些：表聽明白了的"解1、知"；表來往、拜訪或佛光臨、離開的"詣2、行1、去1"；表請求或有所希望的"求1、欲2、幸"；表出於宗教信仰而事奉的"事"；表爲佛行禮的"禮"；表佛和弟子停留於某處的"止2"；表見佛或聽佛講法之後心情的"喜、歡喜"。

　　學界認爲絕對的等義詞很少，詞語在附加義和使用中要考慮不同的語境。在考察研究中，我們發現，也有很多詞語在具體語境中所傳達的意義並沒有什麼區別。比如表達"快樂"的"喜悅、歡喜、快樂、快喜、歡心、樂"，表達"思考"的"思2、惟、思惟"；表達"光顧"的"照臨、臨、顧、顧臨、臨顧、顧盻"等，多是使用一些基本語素進行不同的組合，這種同義融合的詞語和原來的單音節的詞語形式，以及其他的組合形式，都可以看作是等義詞。

　　另外，從以上的研究中，我們發現，同義詞組內，其成員產生的時代是不同的。如果把東漢的詞語作爲新詞，之前的詞語作爲舊詞，那麼在同一同義詞組內，有些完全是舊有同義詞；有的是東漢的詞語和表達已有概念的詞語進行組合，從而形成新的同義關係，是古今同義詞；有的是東漢詞語和東漢詞語組合形成同義詞，可以稱爲新同義詞，這類同義詞以前沒有詞語表達過相同概念或者有而文中沒有使用。

　　按照以上面標準，在179組同義詞中，舊有同義詞有73組；新同義詞有11組，共25個詞語；其他175個東漢詞語都是和舊有詞語形成同義關係的古今同義詞，共95組。現將不同類型的同義詞組涉及的概念分列如下：

（一）舊有同義詞

生命過程：生存。

五官肢體：説，對……説，告，回答，稱作、叫作，稱號或取號，誹謗，看見，回頭看，磕頭，拿著，來到，返回，去到，入席，到達，前進，後退，登上。

心理：心有所感而動，覺悟，計量，愛，貪欲，羞恥。

生産生活：睡眠，睡醒，購買，依賴、憑藉，積累，窮盡、用完，獲得，抛棄，去除，散解，隔斷，阻塞，完成，製造。

以下爲抽象行動：遭受，守持，遵從，順從。

人際：接受，教導，請求，約言，許諾，相逢，保護，盗竊，欺騙，污辱，侵陵，降服，隨從，充當，主管。

無生：照耀，没有，備具，存在，失去，改變，增加，産生，終止、停止，毀壞，及，符合，導致、致使，是（表屬性關係），成爲。

（二）古今同義詞

生命過程：死亡，疾病。

五官肢體：稱作（名字叫作），宣布（大聲叫喊），公開説，詢問、請教，詰問，讚美，聽説，觀看，流淚，站立，向上跳，步行，離開，往。

心理：快樂，憂愁，悲傷，惱怒，恐畏，忘記，思考，知道，覺知，疑惑，以爲，猜想，憐憫，妒嫉，怨恨，寬恕，珍視，忽視，希望，吝惜，沉迷、戀著。

生産生活：居處、在，住宿，停留，乘坐，吃，穿著，洗浣，洗澡，修習，損耗，尋找，整治，捨棄，抑制、控制，建造，備辦，做能造成危害的事，執行，違背。

人際：給與、授，容納，采納觀點，黜退，命令，受命，接受教化，延請，許可，聚會，告辭，光臨，造訪，敬稱對方光顧，揖拜，行禮，幫助，給別人利益，救濟，強取、搶奪，損害毀害，殺害，尊崇，效法，推崇景仰，歸附，侍奉。

無生：消失，窮盡，落，趨向，發出，出現，完畢，成功，完成，追隨，順著，依據，按照，等差關係如，像，超過。

（三）新同義詞

仰頭，打，途經，生念，仰慕，做飯，驅逐，使擺脫愚昧，推崇景仰，裁決、判決，得成。

據上文的統計數據，在東漢繼續沿用的舊有同義詞占了同義詞組數的40%，其中西周、春秋的詞語絕大多數都是單音節詞語，到了戰國、西漢，雙音節詞語略有增加。在179組同義詞中，古今同義詞占95組，超過同義詞組數的半數，其構詞形式基本上是將以前使用的單音節詞語變成雙音節，從而造成同義關係。舊有同義詞、古今同義詞反映的是東漢以前就產生了的概念，新同義詞都是東漢產生的詞語，詞語表示的概念或是新概念，或是沒有命名的舊概念，或是已命名的舊概念而在《中本起經》中沒有用到表達這些概念的詞語。

《中本起經》所反映的在東漢時期所產生的古今同義詞，它們往往只是詞形的更新，而沒有帶來意義的豐富，這在前面也談到過。造成這種現象的原因主要有以下幾種。

其一，相同概念的聯合，如"往詣""快喜、快樂""愁憒""思想""住頓、頓止"等。這類詞的組配方式通常和類概念相關，如"顧"本身就有回頭看的意義，於是產生了"顧視"，類概念從而起到提示意義的作用。

其二，把本來包含在內的意義獨立出來，如：踊—踊身；泣—泣淚；亡—亡［巨］命等。其中"泣"本身指哭的情景，東漢產生了"泣淚"；產生於春秋的"踊"，本義爲"跳"，包含了運動的主體"身體"，而東漢產生的"踊身"，將"踊"這一動作和行爲主體（身體）結合，所以還是同義關係。這是古漢語中詞義"從綜合到分析"這一現象的一種表現,數量不多。

其三,以存有和實行類的詞語+行爲詞,如:恨—悁恨;疑—抱疑;禮—行禮。在"悁恨、抱疑"中,"悁""抱"表示懷有的意思,"行禮"中的"行"是"生產生活行爲類"裏面的抽象行爲詞。

其四,在已有單音詞的基礎上加上不表義的成分,如"有兼"一詞中,"兼"有超過義,"有"無意義,只此一例。

其五,因行文修辭需要而產生,如"彌盡竟"。("合此人數,稱讚如來,彌盡竟劫,不宣其德。")爲了四字格式的需要,譯者同義連用,形成了三音節的"彌盡竟"。

其六,有的詞語在意義發展過程中發展出某一意義,而和表達該意義的已有詞語形成同義詞,例如:東漢產生的"承1"和"聞1"在聽説義上爲同義詞。"承"有聞義就是後來發展出的[①];"著"有附著義,引申出"放置、放到",又引申出"在"義,而和"居、處、在"在"位於"的意義上形成同義關係。

第四節 有生行爲詞與無生行爲詞的意義關係

意義的引申,從無生到有生,是一個連續統。通常情況以下,兩個義位的關係,從有生到有生、從無生到無生的情況也有。不過,本節重點關注的是跨越兩種意義類型的意義引申關係,希望藉此考察在人的思維中有生和無生的概念是怎樣聯繫起來的。

有生與無生,具體哪個意義在先,有時不好確定。這需要具體考察某一詞語的本義以及較早的意義,從而確定其引申鏈條是

[①] 雷漢卿、王勇:《承有聞義再論》,載《語言研究》2014年第3期,第98—103頁。

如何發展的。對不能確定其本義和引申義誰在先誰在後，我們就只從意義關係類型的角度進行考察。據此，筆者把無生行爲和有生行爲有所關聯的詞語整理如下：

表 8-6　自身行爲和致使行爲

組別	無生	有生
1	滅2（熄滅）、滅1（消失）	滅3（消除，使不存在）
2	閉1（門戶關閉）	閉2（關閉）、閉3（停止，阻塞）
3	盡1（竭盡，完）	盡2（全部使出）
4	除2（消除，消失）	除1（去除）
5	舉2（起）	舉1（使……起，雙手向上托物體）
6	成1（實現，成功）	成3（使完成，實現）

"自身行爲和致使行爲"關係，主要是無生行爲"消除，窮盡"和"生產生活—處置—丟棄去除"類相對應，"起止，成毁"類和"抑制，阻斷—成就，完成"類對應。如果抛開《中本起經》這個語料來思考，"無生—變化"類裏的"改變復原"類、"數量增減"類、"位置姿態改變"類、"隱藏顯露"類行爲詞都可以存在與之相對的使動語義，分布範圍較廣。從事情的因順關係來看，無生行爲表結果，有生致使行爲表原因。

表 8-7　無生、有生相似的行爲或關係

組別	無生	有生
1	鳴2（發出聲音）	鳴1（鳥獸昆蟲叫）
2	止1（停止）	止2（居住）
3	生2（滋生，產生）	生3（出生）

續表

組別	無　生	有　生
4	起3（興起）、起5（高起）	起1（站起）、起2（起床）
5	存1（存留）	存2（存在，生存）
6	追1（抽象跟隨）	追2（跟隨，追隨）
7	受3（盛，容納）	受1（接受）、受2（遭受）

"無生、有生相似的行爲或關係"，主要是"無生—變化—位置姿態改變"對應第6組"五官肢體—位移"類；"起止成毀"對應第2、3、4組"生產生活、生命過程和五官肢體"；"無生—位置關係"對應第7組"人際關係"；而第1組"自然運行"類對應的是有生物的生命過程行爲，第5組"存在"類對應的是生命過程的生存義。

從表8-7可以看出，各詞類間的對應關係所呈現出的規律性不太明顯。這種類型關係的詞語是基於行爲之間的一種結構性相似，既可以用於無生物，也可以用於有生物。爲這樣的詞語歸納義位時，並不一定都可將其區別爲兩個義位。

表8-8　動態和靜態關係

組別	無　生	有　生
1	具1（具有）	具2（準備）
2	著2（依附，附著）	著3（居處，在）
3	爲2（變成）、爲3（算是）	爲5（造作，製作）

續表

組別 \ 類別	無　生	有　生
4	過2（超過，超越）	過1（經過，過往）①
5	去2（距離）	去1（離開）

"動態和靜態關係"，主要是"有生行爲—生產生活"類對應第1組"有無"類和第2、3組"位置關係、性質關係"類，"五官肢體—位移"對應第5組"位置關係"類和第4組"等差關係"類。

動態和靜態之間的轉化，通常和事情發展的原因與結果有關。"具"有準備義，準備好，就都具有了，是行爲和結果的關係。"爲"有"製造"義，造的結果是"成"，"成爲"的結果就是"是"，表示一種靜態關係。"動態和靜態"的區別還與抽象程度有關係。抽象性高的行爲詞，因爲不具有具體的動態，所以有反映靜態性和關係性的趨勢。如："過1"是"經過，過往"的意思，是動態的，"過2"表示"超過，超越"，反映的是關係，因而具有靜態性。一般情況下有生行爲詞反映動態，無生行爲詞反映靜態。而第3組"著2"動態性強一些，"著3"靜態性、關係性比較明顯。"著3"在文中用於有生物，不過就其意義來看，往無生物發展的潛能很大，所以這一組詞彙也有可能發展成表達兩個無生行爲之關係的詞語。

有生與無生的關係，體現了詞義引申的兩條路徑，有生、無生相似的行爲或關係體現了相似引申的原則；自身行爲和致使行爲、動態和靜態關係體現了根據事情的因順發展而變化的原則。

---

① "過1"，既可以用於有生者，也可以用於無生者，我們著眼於其抽象性高而歸爲無生行爲詞，但考慮到它們也可以有指有生行爲的用法，姑且也放到這裏看。

根據事情的因順發展而變化的情況大多發生於由因到果的情境。這個規律在從有生到有生的引申中也存在,如"生 3"表"出生","生 1"表示"生存",事情動態發展的順序是先有出生,然後有生存。

結　語

　　我們从宏观角度，按照意義分類描寫的思路，對《中本起經》1301個行爲詞進行了描寫，展現了《中本起經》行爲詞的共時面貌，及其内部歷史來源上的差異。在描寫的基礎上，對行爲詞做了四個方面的分析，得出了一些結論，現總結如下。

　　從共時來看，這些行爲詞的語義分布不同，人際行爲、生產生活行爲詞最爲豐富。這些詞所在的文句，主要是與佛祖對眾生傳道的故事有關，但其使用頻次不高。五官肢體行爲詞使用頻次最高，也與内容有關。這類文本多爲對話，所以關於話語言談的口部行爲詞居多。另外表示耳聽、目視和來往位移行爲的、最常用的詞語頻次特別高。從歷時來看，與文本時代最近的東漢的詞語最多，其次是春秋、戰國、西周的詞語。如果考慮上重複次數的話，文本中最常見到的行爲詞，則依次是西周、春秋和東漢的詞語，戰國和西漢詞語比較少。從平均使用次數上看，這些行爲詞呈現出隨時代遞減而使用次數減少的趨勢。那些從西周和春秋保留下來的詞語，顯示了很強的穩定性。而產生於戰國和西漢及東漢的詞語，使用率較低，説明詞彙的穩定還需要經受時間的考驗。

　　複音詞部分，單複音詞的歷時層次呈現出雙音節詞語的詞彙數量和詞次隨時代遞增，單音節詞語的詞量和詞次隨時代遞減的整體趨勢。東漢詞語新質中複音詞語的數量是單音詞語數量的六倍，而單音詞的平均使用次數是複音詞的兩倍，説明新產生的詞語多爲複音節詞,但在初期它們的使用頻次還不高。從共時層面上看,單音詞總量比複音詞略高,但總詞次却是複音詞的四倍,説明了單音詞在交際中的重要功能,單音詞對詞彙仍有很大的影響。

在 651 個同義詞中,東漢詞語 200 個,占 31%,其中有 25 個詞語是新形成的同義詞,另外 175 個東漢詞語則是在舊有詞語的基礎上形成的同義關係,爲古今同義詞。某一語義,最初用單音節詞語,東漢用形成同義關係的雙音節詞語的有 147 個,這種純形式翻新的詞語占了東漢總詞數的 33%,説明形式翻新對詞彙系統的影響較大。此外,我們從相異概念數角度對《中本起經》中的行爲詞進行了分析,相異概念數能反映概念的豐富程度。通過第八章的分析,我們發現,表人際關係類的行爲詞相異概念數最多,其次是"五官肢體""生産生活""無生""心理""生命過程"類行爲詞。"生命過程"類行爲詞裏面的相異概念相對較少,主要涉及生老病死;"心理行爲"類詞相異概念數位居倒數第二,説明在此類中,表達相同概念的詞語較多。因此,在進行漢語詞彙斷代研究時,須注意相異概念系統,通過不同時代的對比,看概念的産生、變化或消亡的規律。東漢同義形式產生的方式有相同概念的聯合;把本來包含在内的意義獨立出來;以存有和實行類的詞語加行爲詞或不表義的成分這幾種方式。

有生行爲詞和無生行爲詞之間的關係有三種,即"自身行爲與致使行爲""無生、有生相似行爲或關係""動態或靜態關係",我們在此基礎上進而總結了反映出的兩條詞義引申的規則:相似引申、因果引申。

本書的研究也存在一些不足。關於詞語來源時代的確定,我們直接采用了高小方、蔣來娣《漢語史語料學》的一些結論。作者在談到《詩經》時,列出了一些篇目所代表的時代,並提出在確定《詩經》篇目時代時,當參考鄭玄《詩譜》以及歐陽修《詩譜補亡》等。限於精力，我們没有對所引《詩經》篇目的時代再次進行核對，而是采取簡單化的處理方式，將作者没有列出的篇目直接定爲"春秋"。而《易傳》所代表的時代，根據作者則應定爲春秋，但也有學者認爲它是戰國或秦漢之際的作品。故而本書在語料來源時間的分析上仍有待深入。

附錄一　有生行爲詞、無生行爲詞與作格動詞

　　有生行爲詞、無生行爲詞是從人本主義角度，按語義類型劃分的行爲詞下位類別。以往關於動詞的分類有很多，從語義決定語法的觀點來看，行爲詞的語義分類應當能够爲一些語法現象提供解釋。有生行爲詞、無生行爲詞和當代語言研究中的動詞分類有沒有關聯，存在怎樣的關聯？這是可以進一步討論的問題。動詞分類中有一種稱作"作格動詞"，我們着眼於探討意義分類的有生行爲詞、無生行爲詞和作格動詞的關係，把詞彙意義的研究和句法研究結合起來，符合當前探索句法語義界面研究的思潮。

一、作格動詞研究概述

　　一方面，"作格"可以指一種語言類型。類型語言學家發現，如巴斯克語與愛斯基摩語中，不及物動詞句中的 S 與及物動詞句中的 O 采用相同的格標記——通格，而及物動詞的施事采用不同的格標記——作格（ergative），這種語言就被稱作"作格－通格"（簡稱"作格"）語言。

　　另外，"作格"還可以指動詞的下位類別。對作格動詞的分類主要是從動詞所帶的論元情况來看。薩爾·波爾馬特（1978）提出了著名的"非賓格動詞"假說：動詞可以分爲及物動詞和不及物動詞，不及物動詞分爲非賓格動詞（作格動詞）、非作格動

詞，并認爲可以根據語義區分非賓格動詞和非作格動詞。非作格動詞的主要語義要素是意願控制及自主，如（工作、學習）。非賓格動詞的主要語義要素則是無意願控制及非自主，包括形容詞（大、小、紅）；帶客體論元的動詞（燒、沉、漂流等）；表形態變化的動詞（融化、蒸發、减少等）；表存在、出現、消失的動詞（存在、發生、出現、消失、死等）；非自主的，與聲、光、味有關的詞（臭、閃等）；表時體的動詞（開始、停止等）。

其後學者們對不同語言中的非賓格動詞進行了研究，漢語研究中引進這種理論的有顧陽、徐傑、楊素英、曾立英、劉鳳樨等。顧陽在談動詞分類時，介紹了非賓格動詞相關的理論，並探討了使役動詞和非賓格動詞的交替問題。徐傑在"語法原則"爲本位的理論模式基礎上，重新考察了領主屬賓句和帶保留賓語的被動句。其中領主屬賓句比如"張三掉了兩顆門牙"，"張三"和"兩顆門牙"有潛在的領屬關係，其中的動詞只能是奪格動詞（也就是作格動詞），而不能是一般的及物動詞和不及物動詞。楊素英討論了非賓格動詞和非作格動詞的句法差異，主要是"非賓格動詞的唯一論元可以在某些情况下出現在賓語的位置上，而非作格動詞却不可能出現在賓語的位置"，並且討論了語義上的特點，認爲："某些語義項對非賓格和非作格的區分有關鍵的意義。如［±方向］是區分非賓格和非作格運動詞的主要語義項，而［±自主］則是決定一個動詞是否能進行使役和不及物轉換的主要語義項。"劉鳳樨的文章探討帶有動結複合動詞的使動轉換。研究古代漢語中的作格動詞的有易福成，他描寫了《孫子兵法》中的53個作格動詞的句法分布；宋亞雲《漢語作格動詞的歷史演變研究及相關問題研究》（2005）把先秦漢語中的動詞分爲三類：及物動詞、不及物動詞和作格動詞。作格動詞是指：帶賓語時，主語一般是施事（或者是屬於主體格的致使者、感事，也可以不出現），賓語一般是受事（或者屬於客體格的當事、結果等）；不帶賓語時，主語一般是受事。楊作玲《上古漢語非賓格動詞研究》（2014）描寫了上古漢語中非賓格動詞的語義類型。蔣紹愚《上古漢語的作格動詞》（2017）着力探討了上古漢語中作格動詞的語義問題、判定標準，以及使役格式和不及物格式的相互關係問題，從漢語歷史文獻出發，根據一些詞語的兩種格式實際的先後來探討何者爲源，何者爲衍生。

　　漢語是分析性語言，不具有形態變化。漢語研究中的作格動詞主要是從一個及物句和不及物句形成的句對來看的。如"小王打破了水瓶""水瓶打破了"，第二個句子是不及物結構，其主語和及物結構中的賓語是統一的，帶受事主語的"打破"就是作格動詞。非作格動詞也是只帶一個論元，但是其主語不能轉換爲相同謂語動詞的及物句中的賓語，其唯一論元是語義上的施事。如"小明跑了"。這種句法轉換上的區別是非賓格動詞和非作格動詞句法分類的主要判斷標準。

　　總的來看，對作格動詞的語義類別已多有討論，也形成了一些共識，無疑加深了我們的認識，爲剖析問題提供了一個很好的基礎。不過對作格動詞的語義類別分析未建立在更全面的動詞的意義分類的基礎上，而本書的第二至七章詳細描寫了《中本起經》中行爲詞的意義類別。我們認爲句法形式上的區別當有語義上的支撐。因此我們在第二至七章描寫的基礎上，著重分析能形成作格動詞的語義類別，以及其他的語義句法特點，以期加深對作格動詞的語義限制的認識。

二、形成作格動詞的無生行爲詞的語義類別

　　古漢語文獻保存的語言現象具有一定的隨機性，因此有時候不存在一個及物結構和不及物結構形成的句對，也就是說及物結構中的賓語和不及物結構中的主語不一樣，而古代漢語研究不像

现代汉语可以自拟例句,因此如果能类推出存在类似的句对,我们也作为作格动词。如超出《中本起经》的范围,我们则以同时代或相近时代中的例子作为补充,以弥补文献记录语言的随机性带来的问题。下面是无生行为词中能形成作格动词的语义类型描写,每个词语下列举两个例句,例(a)是及物结构,例(b)是不及物结构。

(一) 留存消除

存:(a) 王子到已,食果、饮水以存性命,昼夜修习慈悲之心。(吴支谦译《菩萨本缘经》卷2,T03n153p59b16-17)

(b) 名色皆灭,梵迹独存。(《中本起经》卷2,T04n196p161b10)

失:(a) 是间比丘比丘已生所非一善相,若红汁膖胀,若狐犬半食,若血流赤,若青黑腐,若骨白,若髑髅,熟谛视视,善护令意莫失善相,是名为护舍。(东汉安世高《七处三观经》,T02n150Ap877c7-10)

(b) 何谓为苦?生苦、老苦、病苦、死苦、忧悲恼苦、恩爱别苦、怨憎会苦、所求失苦,要因五阴受盛为苦。(《中本起经》卷1,T04n196p148c1-3)

除:(a) 闻佛能除忧患,即诣祇洹。(《中本起经》卷2,T04n196p160a2-3)

(b) 法味为道食,饥渴今已除。(《中本起经》卷1,T04n196p155b9)

破:(a) 比丘破恶,精进入禅。(《中本起经》卷2,T04n19p159c23-24)

(b) 譬如大海中船卒破坏,知中人皆当堕水没死。(东汉支娄迦谶译《道行般若经》卷5,T08n224p451c7-8)

灭:(a) 三界欲火吾已灭之。(《中本起经》卷1,T04n196p150b7)

(b) 涼風趣龍，尋涼詣佛，火滅毒除，歸命入鉢。(《中本起經》卷1，T04n196p150b13-14)

（二）窮　盡

窮：(a) 吾欲啟請，窮微反真。(《中本起經》卷1，T04n196p154a4)

(b) 詰問理窮，任實首情。(《中本起經》卷2，T04n196p157b28-29)

盡：(a) 群臣庶民，各盡其敬。(《中本起經》卷1，T04n196p152b9)

(b) 愛盡破欲網，自然無師受。(《中本起經》卷1，T4n196p148a7-8)

（三）改　變

改：(a) 故有自然泥犁、禽獸、薛荔、蜎飛蠕動之類屬貿身形，改惡易道。(西晉竺法護譯《佛說無量清淨平等覺經》卷4，T12n361p295c13-14)

(b) 道人以五事自觀形體：一曰自觀面類數變，二曰苦樂數移，三曰志意數轉，四曰形體數異，五曰善惡數改。(吳康僧會譯《六度集經》卷7，T3n152p40c14-16)

復：(a) 元妃佯曰：「大王不悅。」具奉伎樂，飲以葡萄酒，重醉無知，復其舊服送著麤床。(吳康僧會譯《六度集經》卷8，T3n152p51c10-12)

(b) 尋如所言，乳出形復。(《中本起經》卷1，T4n196p149a3)

（四）數量增減

增：(a) 志蕩在欲行，嗜欲增根栽。(《中本起經》卷1，T4n196p148b12)

(b) 今復見佛，功德增益。(《中本起經》卷2，

T4n196p161c14)

減：（a）每減香錢，飯佛及僧。（《中本起經》卷2，T4n196p157b29）

（b）佛言："復有六事，錢財日耗減。"（西晉竺法護譯《尸迦羅越六方禮經》，T1n16p250c29）

（五）姿　態

垂：（a）樹神垂枝，令吾牽出。（《中本起經》卷1，T04n196p151b16-17）

（b）樹神睹之忿其無道，以手搏其頰，身即繚戾，面爲反向，手垂刀隙。（吳康僧會譯《六度集經》卷1，T03n152p2c13-15）

散：（a）即五體投地繞廟三匝，散華燒香，然燈懸繒。（吳康僧會譯《六度集經》卷6，T03n152p38b19-21）

（b）忉利天帝，華散佛上。（《中本起經》卷1，T04n196p153b10）

豎：（a）平治道路、香汁灑地，城中街巷盡豎幢幡。（《中本起經》卷1，T04n196p155a8-9）

（b）聞寶稱已作沙門，驚喜毛豎。（《中本起經》卷1，T04n196p149b11-12）

屈伸：（a）迦葉適還，佛如人屈伸臂頃，東適弗于逮數千億里，取樹果名閻逼，滿鉢而還。（《中本起經》卷1，T04n196p150c5-7）

（b）使者就道，山中樹木俯仰屈伸，似有跪起之禮。（吳康僧會譯《六度集經》卷2，T03n152p11a1-2）

（六）隱藏顯露

彰：（a）吾等誅王及其妻子，并滅一國，以彰其惡。（吳康僧會譯《六度集經》卷5，T03n152p25b11-12）

（b）唯佛與佛，其德乃彰。（《中本起經》卷 1，T04n196p155a5－6）

現：（a）是時世尊，爲其五人，現道神足。（《中本起經》卷 1，T04n196p148a21）

（b）佛德聖明，衆人見者，必阻棄我。令其七日不現，快乎。（《中本起經》卷 1，T04n196p151b26－27）

出：（a）若有輕突入靖室者，吐火出毒，以滅來者。（《中本起經》卷 1，T04n196p149c25）

（b）尋如所言，乳出形復。（《中本起經》卷 1，T04n196p149a3）

開：（a）該容欣悅，開笥出衣。（《中本起經》卷 2，T04n196p157c8）

（b）趣東城門，門復自開。（《中本起經》卷 1，T04n196p149a20－21）

閉：（a）五人答佛："爾時憔悴，今更光澤，爾時處樹，閉目端坐，日食麻米，猶謂非道。"（《中本起經》卷 1，T04n196p148a27－29）

（b）王宿願人，今繫在獄，誓要相連，是使門閉。（《中本起經》卷 1，T04n196p152a29－b1）

隱：（a）女引詣佛，奄然隱焉。（《中本起經》卷 1，T04n196p149b29－c1）

（b）佛告目連："有此七事，佛及衆聖神仙道士，隱形散體皆不能免此七事。" （《法句譬喻經》卷 2，T04n211p591a28－b1）

（七）起　止

起：（a）諸女起塔，供養舍利。（《中本起經》卷 2，T04n196p158a16）

（b）三者火起不覺、四者水所没溺。（《中本起經》卷 2，

T04n196p162b8-9)

興：(a) 唯有調達獨興惡念："子行學道，但作幻術，惑人如是。"(《中本起經》卷1，T04n196p155a19-20)

(b) 神通照察，深知調達惡心內興，必難開化。(《中本起經》卷1，T04n196p155a13-14)

發：(a) 世尊念曰："吾本發心，誓爲群生梵釋請法。"(《中本起經》卷1，T04n196p147c16)

(b) 王性妬害，惡心內發。(《中本起經》卷1，T04n196p148c22-23)

生：(a) 城內母人，各生善念。(《中本起經》卷1，T04n196p155b23)

(b) 太子福成，當爲正君，愚人輕慢，禍釁是生。(《中本起經》卷2，T04n196p159c17-18)

止：(a) 須達止車答曰："吾有大師，號曰如來、眾祐，度人近在祇洹，可共俱進，造覲世尊。"(《中本起經》卷2，T04n196p157a26-28)

(b) 王解迷止，辭退還宮。(《中本起經》卷1，T04n196p149a5)

息：(a) 世尊又曰："吾以四禪禪定息心，從始至終無有損耗。"(《中本起經》卷2，T04n196p161a26-27)

(b) 父王恩愛未息，父子相待。(《中本起經》卷1，T04n196p155c5)

竟：(a) 盡形竟命，首戴尊教。(《中本起經》卷2，T04n196p160b17)

(b) 前受卿請，尊無二言，一時已竟，告別當去。(《中本起經》卷2，T04n196p163a25-26)

終：(a) 若終齋法，福應生天。(《中本起經》卷2，T04n196p157a10)

（b）推古驗今，無始不終。（《中本起經》卷2，T04n196p160c15-16）

畢：（a）思得伏藏，畢地直耳。（《中本起經》卷2，T04n196p156c8）

（b）斯處無憂，眾行畢竟。（《中本起經》卷1，T04n196p149a24）

（八）成濟毀敗

成：（a）大愛道但由我故，得來自歸佛、自歸法、自歸比丘僧，又信佛、信法、信比丘僧，不復疑苦，不復疑習，不復疑盡，不復疑道，方成其信，成其禁戒，成其多聞，成其布施，成其智慧。（《中本起經》卷2，T04n196p158c9-13）

（b）王見忍證，冀必全濟，重宣情言："若真道成，願先度我。"（《中本起經》卷1，T04n196p149a3-4）

遂：（a）具陳彼澤樹神功德，欲詣舍衛，造孤獨氏攢采法齋，冀遂本志。（《中本起經》卷2，T04n196p157a17-18）

（b）迦蘭陀心喜："吾願遂矣！"（《中本起經》卷1，T04n196p153b21-22）

毀：（a）君毀遺則，禍此興矣！（《中本起經》卷2，T04n196p156c27-28）

（b）昔者波羅㮈國王名波耶，治國以仁，干戈廢，杖楚滅，囹圄毀，路無呼嗟，群生得所。（吳康僧會譯《六度集經》卷2，T03n152p6a28-b1）

以下是我們對上面材料的分析：

1. 關於不及物結構中的動詞類型，我們借鑒了萬德勒對動詞時間圖示的分類。萬德勒把動詞分為四種：活動詞項、目標詞項、成就詞項、狀態詞項。活動詞項如"跑步"，是發生在時間裏的一個接一個的連續片段組成的，跑步這類活動在時間中以一種同質的方式進行，活動過程中的每一部分都與整體活動性質相似。目標詞項如"跑一公里"，只有當最後達到一公里的時候，所説的行動才名副其實是相關動詞所意指的行動。成就詞項如"到達山頂""贏得一場比賽""發現或認出某種東西"等，這些事情發生在一個特定的時刻。狀態詞項如"愛""知道""相信"。不及物結構中的作格動詞主要分爲兩類，一是表示狀態，如"存""垂""散""堅""彰""現""出""開""閉""增""減"；另一種是表示成就、達成，如"滅""窮""盡""改""復""隱""起""發""興""生""止""息""竟""終""畢""成""遂"。有時候"成就""達成"和"狀態"也緊密相關，如"火滅"的"滅"，火從燃燒變成熄滅，行爲就達成了，不過"滅"也可以看作是一種持續的狀態。以往的研究多提到不及物結構中的動詞的語義特點是表示狀態，如楊素英、劉凤樨等，而我們認爲籠統地説不及物結構中的動詞表示狀態不夠細緻。借用萬德勒的理論分析，我們發現，有一些動語表示的是"達成"意義。比如表示"結束"的"竟"，"結束"的意義只有在從進行到停止的一瞬間或者那一個點上，才是"竟"所指的意義，"一時已竟"，"一時"表示在時間刻度上是一個綫段，"竟"是指向綫段的終點。再如表示成就意義的"成"，也是在某一個臨界點上，才是其所指的意義，而不表示狀態。

不及物結構中的動詞不具有施事性，原因在於，純粹的施事（不帶有致使者的意義）往往體現了主語對賓語的影響，也就是説動作是有方向的，指向受事，如果此受事轉換爲不及物結構的主語，而謂語動詞一樣，動詞表示的動作的方向就相反了。而那些指示臨界點的達成動詞則不具有方向性，因而及物結構中的受事可以轉換爲不及物結構中的當事。

2. 形式上大多數是單音節的，雙音節的只有"屈伸""減損""增益"，現代漢語中的動補結構雙音詞（如"急死"，可以形成"這件事急死我了""我急死了"這樣的句對）作不及物結構謂語的情況尚不多見。

3. 相同語義的行爲詞在是否是作格動詞上有差異。如表示"改變"的"改"可以作作格動詞，而"更"同樣可以表示"改換"，如"佛問諸臣：'凡更幾王？'"（《中本起經》卷1，T04n196p153a3-4），"更"却没有作格動詞的用法。

4. 及物結構的主語的語義格。大多數及物結構的主語是致使者，這是以往多有談及的。另外及物結構的主語還可以是遭受者。有的及物結構中的動詞不具有"致使"義，如"成"下例(a)："大愛道但由我故，得來自歸佛、自歸法、自歸比丘僧……方成其信，成其禁戒，成其多聞，成其布施，成其智慧。""成"表示"成就"，事件的致使者是"我"，"成"的主語"大愛道"不是致使者，而是"成其多聞……"的遭受者、當事。一般都指出判定作格動詞要以使役動詞和作格動詞的交替爲判斷標準，而這種"遭受句"和"不及物結構"形成的句對，能不能作爲判定作格動詞的標準，學界討論得較少。

三、形成作格動詞的有生行爲詞的語義類別

（一）生命過程

生：(a) 譬如族姓之家生子，多女少男。（《中本起經》卷2，T04n196p158b28-29）

(b) 佛初生時，力自育養，至于長大。（《中本起經》卷2，T04n196p158c5-6）

活：(a) 帝釋身下，謂其親曰："斯至孝之子，吾能活之。"（吴康僧會《六度集經》卷5，T03n152p25a4-5）

(b) 見佛大喜："大道人尚活耶！"（《中本起經》卷1，T04n196p151b22）

《中本起經》行爲詞研究

(二) 軀體位移

退：(a) 故成湯之時，有穀生於庭，昏而生，比旦而大拱。其吏請卜其故，湯退卜者。(《呂氏春秋·製樂》)

(b) 瓶沙大喜，即退就坐。(《中本起經》卷 1，T04n196p152b8−9)

却：(a) 太子權病躇①步倒地，須月光荷負，爾乃却敵矣。(吳康僧會《六度集經》卷 8，T03n152p47a9−10)

(b) 頭腦禮足，却住一面。(《中本起經》卷 1，T04n196p154b1)

(三) 心理感受

怒：(a) 自勇其斷，則毋以其敵怒之。(《史記·老子韓非列傳》)

(b) 王怒隆盛，遣人拽出，縛置殿前。(《中本起經》卷 2，T04n196p157c19)

驚：(a) 十八者，踢地喚呼，驚動四隣。(失譯《佛説分別善惡所起經》，T17n729p518c8−9)

(b) 迦葉大驚："是大沙門！妙化難名。"(《中本起經》卷 1，T04n196p151b24)

怖：(a) 王問左右："此爲何聲，驚動怖我？"(失譯《佛説長者音悦經》，T14n531p809b13−14)

(b) 該容不怖，一心歸佛。(《中本起經》卷 2，T04n196p157c20)

據萬德勒對動詞時間圖示的分類，有生行爲詞中能夠形成作格動詞的詞語類型，一是成就、達成類動詞，有"生"。表示出生的"生"，從在母胎中到降臨人世，就完成了"生"，"出生"

---

① 《大正藏校勘記》指出，"躇"，元明本作"跓"。

不能無限持續，不表示狀態。第二種是表示狀態的詞語，如"怒""驚""活"。第三種是表示活動的，如"退""却"，"退""却"的行爲可以持續。從及物結構的主語來看，以上都是致使者主語。有些詞語從漢語歷史發展的角度來看，先是不及物動詞，如"死"，可以説"某人死"，在後來發展出"王冕死了父親"這樣的句式。"王冕"是"死了父親"的"遭受者"。這種表遭受的及物結構和不及物結構形成的句對是否可以作爲判定作格動詞的標準，學界同樣談論得不多。

四、無生行爲詞、有生行爲詞形成作格動詞的比較

從第二、三部分的分析來看，形成作格動詞的以無生行爲詞爲大多數，有生行爲詞比較少。原因可能有兩點：其一，語言類型學的研究表明，主語傾向於爲有生命體，而直接賓語傾向於爲非生命體。如果不及物結構的主語是有生命的，那麼轉換成及物結構就是，及物結構的賓語是有生命的。而賓語傾向於是無生命的，因此有些時候存在主語爲有生命體的不及物結構，但没有相應的可以轉換的使役結構。如"立"，"住於門外，被弊敗之衣，徒跣而立。"(《中本起經》卷2，T04n196p158b17-18)"立"的主語是人，變換爲及物結構的賓語，主語爲致使者的情況比較少，比較少説"某人立某人"，而只有"某人立某物"比較常見，如"便謂須達：'勿復足錢，餘地貿樹共立精舍。'"(《中本起經》卷2，T04n196p156c10-11) 而不及物結構的無生行爲詞轉換爲及物結構的賓語則比較容易。其二，有生行爲詞多和具體的、動態的活動相關，無生行爲往往和動作性弱、狀態性强或抽象的意義聯繫。

從能形成作格動詞的行爲詞類型來看，無生行爲詞作不及物結構謂語的，有表示狀態的，有表示成就、達成意義的；有生行

爲詞作不及物結構謂語的，其意義有表示狀態的，有表示成就、達成的，還有表示活動的，如"退""却"。

從及物結構的主語來看，無生、有生行爲詞形成的作格動詞都可以和致使者和遭遇者主語組合，以致使者爲主。

五、總　結

在本書二至七章有生行爲詞和無生行爲詞的描寫基礎上，我們考察了有生行爲詞、無生行爲詞和當代語言學研究中的作格動詞的關係。得出如下結論：無生行爲詞中可以形成作格動詞的意義類別有"留存消除""窮盡""改變""數量增減""姿態""隱藏顯露""起止""成濟毁敗"；有生行爲詞中可以形成作格動詞的意義類別有"生命過程""軀體位移""心理感受"。無生行爲詞可以作作格動詞的比有生行爲詞多；無生行爲詞作不及物結構謂語的，有表示狀態的，有表示成就、達成意義的；有生行爲詞作不及物謂語的，除了以上兩類，還有表示活動的。從及物結構的主語來看，無生行爲詞、有生行爲詞形成的作格動詞都可以和致使者和遭遇者主語組合。以往的研究多把使役結構和不及物結構的替換看作判定作格動詞的標準，而這裏提到的遭遇式和不及物結構形成的句對是否可以作爲判定作格動詞的標準，學界較少討論，有待于進一步的研究和考察。

附錄二　《中本起經》詞語用法劄記

【逮】"五百長者子、阿凡和利及五百女人，逮得法眼。"（《中本起經》卷2，T04n196p162a13－14）"長者須達，聞說是時，因本功德，便發淨意，逮得法眼，歸命三尊。"（《中本起經》卷2，T04n196p156b16－17）"逮"有"獲得"的意義，《漢語大詞典》的義項與此例句語義未合，"獲得"的意義當是從"追上、及"的意義引申而來。也有"逮致"的組合，如西晉竺法護譯《佛說阿惟越致遮經》卷1："離於貪身，願住道義，逮致佛身。"（T09n266p204c24－25）"逮"與"致"爲同義連用。

【屏營】惶恐、彷徨。"女舞未竟，忽然不見，眾失所歡，惆悵屏營。"（《中本起經》卷1，T04n196p149b28－29）《大正藏校勘記》指出，"屏"宋本作"征"，元明本作"怔"。《漢語大詞典》舉例爲《國語‧吳語》："王親獨行，屏營仿偟於山林之中。""怔營"同樣爲"惶恐不安"義。其他佛經文獻中的用例有《佛說無量壽經》卷2："屏營愁苦，累念積慮。"（T12n360p274b29）

【擗】"譬如果美樹高，無因得食，唯有伐樹根擗枝，從食果必矣！"（《中本起經》卷1，T04n196p150a4－6）《大正藏校勘記》指出，"擗"元明本作"躃"，《磧沙藏》中也作"躃"。正字當作"擗"，《漢語大詞典》"擗"條曰："分開；裂開；劈。三國魏曹植《送應氏》詩之一：'垣牆皆頓擗，荊棘上參天。'"與文意較爲符合。《說文解字‧手部》"擗"條曰"撝也"。慧琳《一切經音義》卷46《大智度論音義》"能擗"條曰："補革反，《說文》：擗，攦也。攦，裂也。《廣雅》擗，分也。論文作躃，補赤反，躃，跛也，又作僻，匹尺反，僻，邪也。二形並非此用也。"（T54n2128p611c7）據此也可以確定"擗"爲正字。其他例子還有："猶去村不遠，有大芭蕉，若人持斧破芭蕉樹，破作片，破爲十分，或作百分。破爲十分，或作百分已，便擗葉葉，不見彼節，況復實耶？"（東晉僧伽提婆譯《中阿含經》卷56，T01n26p780a23—26）

【精榮】精神，榮光。"三曰開發萌芽，萬物精榮。"（《中本起經》卷1，T04n196p150a9—10）漢譯佛經中另有一例："一切有形類，莫不失精榮。"（南朝宋寶雲譯《佛本行經》卷7，T04n193p109b12）

【章】"方身立丈六，姿好八十章。"（《中本起經》卷1，T04n196p150b23）"章"有"種類"的意思。相似的表達有西晉竺法護譯《佛説月光童子經》："遥睹世尊洪焰暉赫晃若寶山，天姿紫金巨容丈六，神顏從容諸根寂定，相三十二好八十種。"（T14n534p817a19—21）

【趣欲】"思想萬端，趣欲快意，能棄此志，亦可得道。"（《中本起經》卷1，T04n196p152c8—9）"趣"有"小步快走"的意義，同"趨"，引申有"趨向"義，且帶有"快速"的語義要素，"趣"可以和"時"組合，表示"趨附""迎合"，並帶有"汲汲"的情態。《漢語大詞典》"趣時"條曰："謂努力與當時的形勢、環境及條件相適應。《易·繫辭下》：'變通者，趣時者也。'""趣欲"當是"追求欲望"的意思。

【更】變得。"過往跪拜，禮畢旋顧，奄便更冥。"（《中本起經》卷2，T04n196p156a28—29）"五人答佛：'爾時憔悴，今更光澤。'"（《中本起經》卷1，T04n196p148a27—28）《漢語大詞典》"更"條有"改正，改變"義項，但"更"後接表示"改變後的狀態"的詞語的情況不常見。

【當】連詞。"佛當先至奉佛及僧，悔恨前施，永爲棄捐。"（《中本起經》卷1，T04n196p153b12-13）《漢語大詞典》指出："當"相當於"儻""倘若"，表示假設。舉例有《墨子·法儀》："然則奚以爲治法而可？當皆法其父母奚若？'孫詒讓《閒詁》引王引之曰：'當並與儻同。'"

【委去】捨棄，丢棄。"此諸鬼師，強暴含瞋，懼必作害，不如委去更求其安。"（《中本起經》卷1，T04n196p153b22-24）《漢語大詞典》中舉例有：《孟子·公孫丑下》："委而去之，是地利不如人和也。"《楚辭·離騷》："委厥美以從俗兮，苟得列乎衆芳。"《中本起經》中有"委棄"一詞，如"吾師臨終，囑授弟子，令吾成濟；今便委棄，義所不安。"（《中本起經》卷1，T04n196p154a1-3）

【憨】傻氣，痴呆。"衆女驚怖泣淚悔過，長跪舉頭而陳情曰：'女子憃憨①，不識至真。'"（《中本起經》卷2，T04n196p158a12-14）《漢語大詞典》舉南朝梁劉勰《文心雕龍·程器》："文舉傲誕以速誅，正平狂憨以致戮。"時代較晚。

【忽務】繁忙，匆忙。"母答阿難：'吾今忽務，不能得爲。'"《中本起經》卷2，T04n196p163a17）《漢語大詞典》未收。

【從下風】"貪羨甘露，願從下風。"（《中本起經》卷1，T4n196p154a6）"從下風"謂處下位追隨接受教化。又有"承風"，例如："動順禮節，莫不承風。"（《中本起經》卷1，T4n196p154c28）亦作"承風化"："是故遣信，下承風化。"（《中本起經》卷2；T4n196p160a20）

【無所適處】無所往、無所居。不往亦不住。引申爲平等對待，處處皆可。"等心普濟，無所適處。"（《中本起經》卷1，T04n196p154c26）另有"無適住處""無所適住"，義近。"是遍

---

① "憨"，《大正藏校勘記》指出，宋、元、明本作"戇"。

吉菩薩，一一毛孔常出諸佛世界及諸佛菩薩，遍滿十方以化眾生，無適住處。"（姚秦鳩摩羅什譯《大智度論》卷 10，T25n1509p134c15）"細滑靭無所適住，亦無所著。"（西晉竺法護譯《佛說普門品經》，T04n196p771b28）靭是剛硬的意思，細滑和靭相對，"無所適住"這裏指細滑和靭皆可。李維琦解釋"細滑和靭"爲"大概如同磨光的金屬，雖則細滑，却甚剛硬"。另外，佛經中常見"無所適莫"，與此義近，李維琦釋爲"無所貪求，無所好惡"①。"如一美色……無豫之人觀之，無所適莫，如見土木。"（姚秦鳩摩羅什譯《大智度論》卷 12，T25n1509p148a13）即没有好壞之心，平等視之。"適"與"莫"的意義本相對，在具體的語境中常常凸顯，偏向於"適"（"適"由往、向義引申有"著"義），因而"適莫"有貪著義，如"無所適莫於他人財寶"（吳支謙譯《佛說慧印三昧經》卷 1，T15n632p463b26）。同經異譯本聶承遠《佛說超日明三昧經》譯作"不望他財利"（T15n638p534a23）。說明"適莫"帶有"貪著"義，平常心看待財寶，無所好惡，即不貪。又有"無所適著"，如"過去、當來、今現在悉平等，無所適著"（東漢支婁迦讖《般舟三昧經》卷 3，T13n417p917b1）；"無所適念"，如"一切諸刹心不著，無所適念"（東漢支婁迦讖《般舟三昧經》卷 1，T13n417p903c19）。

【結戒】製定戒法。"佛敕侍者。古千比丘，暮當結戒，不得他行。即夜行籌數，得千二百五十人。佛結戒竟，比丘歡喜，莫不肅然，禮佛而退。"（《中本起經》卷 1，T04n196p154a19-22）"謷謷樓樓，此四字者，長養四義佛及法僧，示現有對隨順世間，示現有對如調達壞僧，僧實不壞如來方便示現壞僧，化作是像爲

---

① 李維琦：《佛經語詞彙釋》，長沙：湖南師范大學出版社，2004 年，第 279 頁。

結戒故,若知如來方便義者,不應恐怖,當知是名隨順世間,是故說此最後四字。"(東晉法顯譯《佛說大般泥洹經》卷5,T12n376p888c15-20)"三佛不爲弟子廣說法、不結戒、不說波羅提木叉,梵行所以不得久住。"(劉宋佛陀什《彌沙塞部和醯五分律》卷1,T22n1421p1c5-7)

【不偶】不遇,不幸。"不謂今日見薄不偶。"(《中本起經》卷2,T04n196p156a16)

【自捨】"所可見者,其智明遠,自捨如來,無能與論。"(《中本起經》卷1,T04n196p153c8-9)"自捨"《漢語大詞典》未收,此處表示"除了"的意思。

【要】總之,總歸。"何謂爲苦?生苦、老苦、病苦、死苦、憂悲惱苦、恩愛別苦、怨憎會苦、所求失苦,要因五陰受盛爲苦。"(《中本起經》卷1,T04n196p148c1-3)《漢語大詞典》收此義項,舉例爲《史記·高祖功臣侯者年表序》:"帝王者各殊禮而異務,要以成功爲統紀,豈可緄乎?"

【側息】忧虑,担心。"度勝未還,夫人侍女,側息中庭。"(《中本起經》卷2,T04n196p157c6);"師徒騷擾,側息達明。"(《中本起經》卷1,T04n196p150b27)《漢語大詞典》:"側體呼吸,謂不敢大口出氣,表示恐懼、不安。"可從。

【周慞】驚恐,遑遽。"明旦眾女,不見蚰蚰,周慞遍求,噓唏並泣。"(《中本起經》卷1,T04n196p149a26-27)《大正藏校勘記》指出,"周",宋本作"惆"。其他漢譯佛經中的用法有:"時諸鹿等在河岸間,周慞惶怖,馳走從河。"(舊題吳支謙譯《撰集百緣經》卷4,T04n200p221a8-9)《大正藏校勘記》指出,"周",聖本作"惆"。"彼鳥飢逼周慞求食了不能得。"(东晋佛陀跋陀罗译《佛說觀佛三昧海經》卷1,T15n643p646b9-10)也作"周章",如姚秦鳩摩羅什譯《妙法蓮華經》卷2:"雕鷲諸鳥、鳩槃荼等,周章惶怖,不能自出。"(T09n262p14a23-24)

陳真諦《佛說立世阿毘曇論》卷8："是諸罪人畏避此烟，周章馳走無數由旬。"（T32n1644p208b8-9）唐窺基《妙法蓮華經玄贊》卷6曰："'周憞'者，忽怗驚懼也。又爲'章'字。'周'，流也，周流周遍，驚懼不安之狀。下有惶怖，應爲周章，由下悶走已爲周章。此應爲'憞'，體亦即怖惶。"（T34n1723p760c10-14）

【間】近來，之前，剛才。"間者那行？今從何來？"（《中本起經》卷1，T04n196p151c1）《漢語大字典》釋爲"近來"，在具體運用中還可以作"剛才"講，如："汝間與我共睹神化，吾始信解，當作沙門。汝等何趣？"（《中本起經》卷1，T04n196p151c10）

【叙】1."古代指按規定的等級次第授官職，按功勳大小給予獎勵。"（徐中舒《漢語大字典》1459頁）"執侍勞苦，功報應叙。"（《中本起經》卷1，T04n196p147c28）《尚書·皋陶謨》："天秩有禮，自我五禮有庸哉！"鄭玄注："天秩有禮，當用我公、侯、伯、子、男五等之禮以接之，使有常。""天秩有禮"和後面"天討有罪"並立，"秩"相對於"討"，也是對人的一種處置。用公、侯、伯、子、男五等之禮來列秩序，引申即爲按等級授官，按功勳大小給予獎勵。2.可譯爲"順，展"，此義《漢語大字典》不載。"是使乃心滯而不叙。"（《中本起經》卷2，T04n196p156a16）"願留七日，得叙供養。"（《中本起經》卷2，T04n196p163b01）3.光顯，彰顯。"二曰五色雜類，宣叙其形。"（《中本起經》卷1，T04n196p150a9）由按次序羅列、記錄引申而來。如《漢書·揚雄傳》："三危既宅，三苗丕叙。"

【庶幾】（在……方面）不錯，差不多。"比丘尼有庶幾於道法，得問比丘僧經律之事。"（《中本起經》卷2，T04n196p158c26）朱慶之《佛典與中古漢語詞彙研究》釋爲

"模糊，不明白"，恐不確。①

【決】1. 定。"戲言決耳！復何疑哉？"（《中本起經》卷2，T04n196p156b29）2. 解決（疑問），使……定。"於是如來察眾所念，欲決所疑。"（《中本起經》卷2，T04n196p161a25）3. "授決"，根據一世的成就判斷、下定論來世當作何，當處何所。"授拜吾決：'汝於來世九十一劫，當得作佛。'"（《中本起經》卷2，T04n196p159b29）4. 亦作"決定"，一種特定的境界，漏盡，不疑。"舍夷國內，男女長幼聞佛說法，如心所念，各得其決。"（《中本起經》卷1，T04n196p155c4）"若聞如是甚深般若波羅蜜，心得決定，不驚不怖，不沒不悔。"（唐菩提流志譯《大寶積經》卷115，T11n310p652a18）

【綺可】貪求浮華、好美不實之心。"鼻嗅香臭，心當制伏，情無所著。口貪眾味，心當秉持，想無所起。身更所著，心當制止，識無綺可。"（《中本起經》卷1，T04n196p152c17）"五色雜線和合，名之爲綺"（北涼曇無讖譯《大般涅槃經》卷32，T01n7p556c8）"有浮華之意，"可"有"可口""可鼻""可身"等用法，指"適合，符合心意"。其他的例子有："著寶瓔珞，當願眾生，解去重擔，無綺可意。"（吳支謙譯《佛說菩薩本業經》卷1，T10n281p447c2）

【處當】"長者須達，承佛聖旨，進前長跪，而白世尊：'余能堪任興立精舍，唯須比丘，監臨處當。'"（《中本起經》卷2，T04n196p156b22–24）"處當"爲"判決，決斷"義。《漢語大詞典》舉例爲漢應劭《風俗通》："時冀州有疑獄，章帝見問統，統處當詳平，克厭上心。"

【注】敬仰。"今察民心，普注迦葉。"（《中本起經》卷1，

---

① 朱慶之：《佛典與中古漢語詞彙研究》，臺北：文津出版社，1992年，第93頁。

T04n196p150a4）另有"注仰"，即"注目瞻仰"，"久承令懿，注仰虛心"（《中本起經》卷2，T04n196p157a25）"注"單字也有"敬仰"義，當是"組合同化"的影響。《漢語大詞典》中"注"條有"關注；繫念"義項，舉例爲元無名氏《盆兒鬼》第一摺："我臨去也折一朵大開花，明日個蚤還家，單注著買賣和合，出入通達。"其辭例時代較晚。

【鞠】告誡。"爲作靖室，而鞠龍曰：'若有輕突入靖室者，吐火出毒，以滅來者。'"（《中本起經》卷1，T04n196p149c24）

【有兼】勝過，"有"爲詞頭。"不面在昔屈辱臨顧，傾企之情有兼來趣。"（《中本起經》卷2，T04n196p156a17）《宋書·范泰等列傳》："息晏委質，有兼常款。"引申爲"非常"。《魏書·宣武帝本紀》："虎闈闕唱演之音，四門絕講誦之業，博士端然，虛祿歲祀，貴遊之冑，歎同子衿，靖言念之，有兼愧慨。可嚴敕有司，國子學孟冬使成，太學、四門明年暮春令就。"

【撿】1. 收斂，約束。"抑情撿心，智者必能。"（《中本起經》卷2，T04n196p161b27）2. 通"驗"。《廣雅·釋詁》："撿，譣也。"王念孫《疏證》："譣，經傳通作驗。""即撿威神，便入其室。"（《中本起經》卷1，T04n196p150b8）

【關白】報告，通告。"王問憂陀：悉達在宮，與卿獨親，入出周旋，無所關白。"（《中本起經》卷1，T04n196p154b17-19）《漢語大詞典》收此詞。"關"有"稟告"义，如《漢書·元后傳》："何須關大將軍。"

【推親】以親近、親愛對待某人做某事。"須達因事來行，推親往造。"（《中本起經》卷2，T04n196p156a11）《漢語大詞典》不收，此詞亦不常見，《漢語大詞典》有"推情"：以情義相待；"推誠"：以誠心相待。

【亘】通明，了悟。"宿行所追，亘解欲行。"（《中本起經》卷2，T04n196p157a19）亦作"亘然"。"尋省反覆亘然信解。"

(西晉法炬、法立譯《法句譬喻經》卷 1，T04n211p580c28)"美音喜踴宿行所追且自解暢。"(西晉法炬、法立譯《法句譬喻經》卷 2，T04n211p592a18) "且"宋、元、明本作"恒"，當是"亙"增形而訛。《廣韻·嶝韻》："亙，竟也。遍也。"推測由竟、盡、遍義而来，當用在"光明遍然"的時候便有了通明徹亮義："威炎亙然，照于十方。"(西晉竺法護譯《等目菩薩所問三昧經》卷 1，T10n288p575a6) 引申指"明慧了悟"。"五百菩薩聞是亙然，尋時逮得無所從生法忍。"(西晉竺法護譯《佛説如幻三昧經》，T12n342p151a6))

【猥】謬、妄、濫。"吾聞沙門，咒願一切，普得飽滿；猥將大眾，來適飢國，費損人食，此大無益。"(《中本起經》卷 2，T04n196p162a24)《漢語大字典》："繆，錯誤地。"《龍龕手鑒》：'猥，不正而濫曰猥。'"用在動詞前表示不該這麼做。《漢書·谷永傳》："進不能盡思納忠輔宣聖德，退無被堅執銳討不義之功，猥蒙厚恩。""余以嘉遇猥參聽次，雖無翼善之功，而預親承之末，故略記時事，以示來賢焉。"(東晉僧肇撰《長阿含經》序，T01n1p1b4-6)用在自身有自謙之意。李維琦《佛經釋詞》舉《中本起經》"猥將大眾"例，解釋説："'猥'還有表示接續語氣的作用。"[①] 恐不確。

【接】及。"奉使請佛，威神所接，箭化作華。"(《中本起經》卷 2，T04n196p162a8-9)《漢語大詞典》指出"接"有"達到"的意思。由"及、達到"略微引申，有"致"的意思。另外的例子如《佛説滅十方冥經》："於是，舍利弗前白佛言：'此族姓子等，得眼清净何其速疾，睹見諸佛無所罣礙，功德之力乃如是乎！爲是諸佛威神所接？將自宿命福勳所致耶？'"(西晉竺法護譯《佛説滅十方冥經》，T14n435p106c5-8) "爾時，迦葉將五

---

① 李維琦：《佛經釋詞》，長沙：岳麓書社，1993 年，第 85 頁。

百弟子,往詣石室,而救此火;或持水灑者,或施梯者,而不能使火時滅,皆是如來威神所致。"(前秦曇摩難提譯《增壹阿含經》卷14,T02n125p619c18-21)此例用"威神所致"表達近似的意思,可見"接"和"致"意義相近。

【用】 "若有此問,情用憂憒。"(《中本起經》卷2,T04n196p160b10-11)"阿難已得其麥,以鉢受之,心用悲疾曰:'諸天名味,國王供饍,每謂其味,不可尊口。今得此麥,甚爲麤惡。何忍持此供養佛乎?'"(《中本起經》卷2,T04n196p163a14-15)"用"爲介詞,其功能爲介引原因。《馬氏文通》:"用,《廣韻》云:'以也。'介字。……司'是''此''何'諸字,則後焉。先動字,則司詞可省。……《左·僖二十六年》:'我鄙邑用不敢保聚。'《周語》:'民用莫不震動,恪恭于農。'……所引'用'字,即'用是'也。不言'是'者,蒙上文也。"《左傳》和《周語》的兩個例子《助字辨略》也認爲"用,即用是,但云用者,省文也"。佛經文獻中多見"情用……""心用……""意用……",如:"座中有五百菩薩,聞文殊師利所言甚深,意用不解,中欲墮落。"(西晉竺法護譯《佛説須摩提菩薩經》,T12n334p78b12)還有"範圍副詞+用"的用法:"咸用……"和"各用……"等。如"聞者解釋各獲果證,意不達者,咸用瞢瞢。"(西晉竺法護譯《文殊師利佛土嚴淨經》卷上,T11n318p892c23)這種用法不是漢譯佛經獨有的,中土文獻中從先秦以來就有這樣的用法,如《尚書·洪範》:"歲月日時無易,百穀用成,乂用明,俊民用章,家用平康。"《左傳·襄公四年》:"民有寢廟,獸有茂草,各有攸處,德用不擾。"《後漢書·宋宏傳》:"太中大夫宋漢,清修雪白,正直無邪。前在方外,仍統軍實,懷柔異類,莫匪嘉績,戎車載戢,邊人用寧。"在口語色彩較強的唐代《祖堂集》中,"用"的此類用法就消失了。在唐以後的史書中還可以見到一些用例。如《舊唐書·張九齡傳》:"今百穀嘉生,鳥獸咸若,夷狄內附,兵革用寧。"此例爲張九齡上疏的內容。《續資治通鑒長編》卷一百三十七:"竊以兩朝修睦,三紀于茲,邊鄙用寧,干戈載偃,追懷先約,炳若日星。"此例爲"誓書"的內容。《元史·慶童傳》:"時李思齊擁兵關中,慶童至則御之以禮,待之以和。居三年,關陝用寧。召還京師。"疏、誓這些文體比較正式,用四字格有一種簡潔典雅的風格。值得注意的是,"用"在中土文獻中多用在比較正式的文體中,而漢譯佛經一般認爲口語性色彩較濃,朱慶之將其稱之爲"佛教混合漢語"。我們認爲中古佛經中"用"的這種用法是一種文言格式的遺留,以適應其四字格。

【委藏】 "因魔來戰,是以委藏。"(《中本起經》卷1,T04n196p148a18)《漢語大詞典》"委藏"條:"儲藏東西的地方。"未收動詞義項。中古漢譯佛經中僅《中本起經》見用。

【出意】出主意。"譬如幻師,出意爲化,愚者愛戀,貪而無厭,幻主觀化,無染無著。"(《中本起經》卷1,T04n196p148b9-10)其他佛經中的用例,如:"知慚壽中上者,人之處世不知慚愧無所畏難,猶如暴逸之牛無所畏難,彼愚騃人亦復如是,出意造行無所畏忌。"(姚秦竺佛念譯《出曜經》卷24,T04n212p736b28-c1)"彼言沙門釋子應自爲受畜金銀寶物者,爲從佛聞?爲自出意說?"(劉宋求那跋陀羅譯《雜阿含經》卷32,T02n99p228b10-12)

【是】"愚人輕慢,禍疊是生。"(《中本起經》卷2,T04n196p159c17-18)"是"相當於"由此、從此"。"此"也有類似的用法,如"其婦流淚,忿然恚曰:'君毀遺則,禍此興矣!'"(《中本起經》卷2,T04n196p156c27-28)《漢語大詞典》"是"條收此義項,並引《管子》"是故主上用財毋已,是民用力毋休也"爲例。

【爲】"爲"有"則"的意思,作因果連詞。如:"行有二事,爲墮邊際。"(《中本起經》卷1，T04n196p148b23)《漢語大詞典》"爲"條有義項"使，致使"，與此義近。如《易·井》："井渫不食，爲我心惻。"王弼注："爲，猶使也。"《國語·魯語上》："其爲後世昭前之令聞也，使長監於世。"韋昭注："爲，猶使也。"三國魏阮籍《詠懷》之三九："忠爲百世榮，義使令名彰。"

【慓幟】"王問憂陀：'吾子行觀，幢麾羽獵以爲光飾；今者慓幟，復有何物？'"(《中本起經》卷1，T04n196p154c17-18)《大正藏校勘記》指出，"慓"宋、元、明本作"標"。正字當作"標"，"慓"爲"急疾"義。"標"，《説文解字·巾部》曰："幟也。"段玉裁《説文解字注》曰："凡物之標識亦曰徽識。今字多作標牓。標行而慓廢矣。"漢譯佛經中用例如："我等鄙賤得厠凈法，乃能宣暢無形之法無慓幟法。"(姚秦竺佛念譯《最勝問菩薩十住除垢斷結經》卷9，T10n309p1036a14-15)

【虛心】一心嚮往。"吾故遠至，以展不面，虛心在昔，馳散所懷。"(《中本起經》卷2，T04n196p156a15)"《漢語大詞典》舉例引《史記·秦始皇本紀》："今秦南面而王天下，是上有天子也。既元元之民冀得安其性命，莫不虛心而仰上，當此之時，守威定功，安危之本在於此矣。"

附錄三　詞目索引

A

哀　57
哀悴　48
哀顧　57
哀矜　57
哀慟　48
愛1　62
愛2　57
愛樂　46
安　100
安措　76
安置　82
案　124
案行　109

B

拔1　36
拔2　79
罷　79
白　24

白言　25
拜1　87
拜2　99
敗　121
辦1　82
辦2　83
謗毀　30
薄　57
保1　100
保2　74
抱疑　54
報1　24
報2　88
報敕　25
報命　25
暴害　103
悲　48
悲疾　48
悲憐　48
悲傷　48

悲啼　34

背　86

背棄　97

倍　127

被1　84

被2　67

被害　84

被命　93

備　113

備辦　82

備具　113

備豫　82

奔出　40

逼　81

畢　165

畢竟　121

閉1　119

閉2　77

閉3　79

蔽　119

避　44

表　77

表白　25

表彰　118

別去　40

別　97

秉持　80

稟受　89

病　22

病困　22

病瘦　22

博掩　73

補成　67

不可思議　54

不面　97

不如　127

不謂　55

布　76

步　38

步涉　38

怖　168

怖悸　49

C

采納　89

采省　89

慚愧　62

慘　47

側息　50

察1　32

察2　53

讒疾（嫉）　58

闡　29

長　20

長大　20
長跪　38
長衰　22
瞋怒　49
陳　23
陳情　23
陳言　23
稱1　26
稱2　26
稱傳　30
稱道　26
稱讚　30
成1　121
成2　126
成3　81
成濟　100
承1　31
承2　89
承風　93
承教　93
承命　92
乘　66
嗤　30
持1　85
持2　36
持與　87
馳　39

馳出　40
馳散　79
踟躕　39
恥　63
斥徙　90
敕1　25
敕2　80
敕逐　90
充　107
充備　107
惆悵　47
酬酢　27
愁　47
愁憒　47
出1　120
出2　118
出3　70
出4　119
出5　40
出6　119
出7　76
出處　67
出沒　120
出入　40
出世　119
出迎　99
出遊　67

出征 104

樗蒲 73

除1

除2 114

處 64

處當 108

處世 83

傳1 27

傳2 91

垂1 116

垂2 88

垂恩 88

垂髮 69

垂化 91

垂救 100

垂淚 33

垂下 116

垂訓 92

祠祀 73

辭 97

辭退 97

刺 37

從1 105

從2 106

從3 84

從師 105

從下風 93

催督 109

存1 113

存2 21

存3 50

D

達 53

答 24

打撲 37

逮1 121

逮2 123

逮得 121

待 56

耽荒 62

彈琴 73

導從 106

蹈 38

禱祠 73

到 42

道逢 96

道過 43

道現 92

盜 102

盜竊 102

得 75

得病 22

得失 76

登　44
等　126
低頭　34
諦受　31
諦思　52
諦聽　31
典　108
典領　108
調　72
動1　51
動2　115
動3　83
睹　33
篤道　72
妒憤　58
度量　56
端意　51
端坐　35
斷　79
斷當　108
斷壞　122
斷滅　122
對　24
懟恨　59
頓　64
頓止　65
奪　102

奪取　102
墮1　116
墮2　116
墮淚　34
墮墜　44

F

發1　120
發2　40
發露　119
發念　50
發聲　24
伐　37
反1　117
反2　86
反常　86
反顧　32
犯1　102
犯2　86
飯　68
飯食　68
防　80
放1　119
放2　79
非　126
飛　39
飛出　40
飛行　39

飛升 44
誹謗 30
費 75
費損 75
分 88
分別 55
分部1 29
分部2 108
分散 114
忿 48
忿然 48
逢 96
奉1 71
奉2 36
奉3 88
奉4 85
奉5 89
奉承 85
奉敕 93
奉行 85
奉命 93
奉使 93
奉事 106
奉仰 105
伏1 56
伏2 96
服1 67

服2 89
輔 100
附親 105
赴 41
赴行 39
復 161
縛置 37
覆1 88
覆2 119
覆育 101

G

改 161
改邪 72
敢 51
感 51
感動 51
感化 92
感通 92
高出 122
告 24
告別 97
告敕 25
歌舞 73
隔 118
給 87
給施 88

給用　87
更1　115
更2　115
更歷　84
拱袖　99
供辦　82
供給　87
供濟　88
供饍　68
鼓　72
固　81
顧1　32
顧2　59
顧3　98
顧見　33
顧臨　98
顧命　91
顧視　33
顧望　33
顧問　28
顧下　98
怪　54
關白　25
觀　32
貫　123
灌　77
歸1　104

歸2　41
歸3　116
歸伏　104
歸心　104
歸仰　104
貴異　59
跪　37
跪拜　38
過1　117
過2　127
過3　41
過去　22
過往　41
過逾　127

H

還　40
還到　41
還至　41
害　103
含瞋　49
行1　39
行2　38
行3　82
行4　76
行籌　56
行到　42

行觀 67	懷 50
行詣 41	壞裂 122
好 60	歡 45
好學 71	歡喜 46
號 26	歡心 46
號爲 26	浣 69
號曰 26	浣濯 69
合 127	喚 27
合成 121	惶怖 49
合會 97	惶恐 50
合集 97	揮淚 34
賀 30	暉 111
恨1 62	迴 115
恨2 58	迴匝 44
呼1 26	悔 62
呼2 27	悔過 62
忽 59	悔恨 62
忽棄 59	毀 165
許 95	毀廢 90
許可 95	毀害 103
許諾 95	毀辱 103
怙 74	恚 48
護1 101	恚怒 48
護2 72	惠 101
化1 115	惠及 101
化2 91	會 97
化作 115	活 167

惑　54
禍　103

J

飢渴1　61
飢渴2　68
稽首　34
稽停　65
積　74
擊　37
及　123
疾　22
極1　42
極2　75
集布　118
嫉　58
忌1　59
忌2　59
計爲　55
記　51
悸　49
寄1　65
寄2　77
濟　100
繫　109
加　76
加施　76

家居　66
賈作　71
嫁　21
駕　66
駕乘　66
監臨　109
减　162
减省　75
减損　74
撿　80
檢押　109
見1　33
見2　53
諫　30
諫止　80
將　106
降伏　105
交　117
交集　118
教1　91
教2　91
教敕　91
教化　91
教授　91
接　123
接納　89
劫奪　102

劫取	102	經涉	71
結實	20	驚	168
結爲	37	驚怖	49
詰問	29	驚愕	49
截	37	驚怪	54
竭	75	驚喜	47
解1	53	竟	164
解2	79	敬愛	58
解3	29	敬德	57
解4	78	敬諾	96
解放	110	究暢	54
解了	53	救	100
借1	88	就1	117
借2	94	就2	96
矜導	92	就席	42
矜濟	100	就坐	42
矜恕	59	居1	64
近	117	居2	64
進	43	居家	66
進前	43	居靜	72
禁制	80	鞠	91
盡1	115	舉1	36
盡2	75	舉2	120
盡［書］心	51	舉聲	27
盡恭	99	舉手	36
盡歡	46	舉頭	34
覲見	98	舉足	38

具1 113
具2 82
懅 49
懼 49
捐費 78
捐棄 78
決 55
覺1 53
覺2 65
覺3 53
覺識 53
覺知 53
君 108

K

開 163
開發 20
開廣 27
開化 92
開蒙 92
開納 89
開闢 111
堪 90
堪任 107
堪勝 90
可1 125
可2 95

渴 68
渴仰 58
刻鏤 70
肯 61
恐 49
恐懼 49
恐畏 49
叩頭 34
枯竭 112
苦 48
苦惱 48
快 45
快喜 46
快意 46
快樂 46
寬意 60
慣 47
困 102

L

來 40
來還 41
來入 40
來下 44
來至 40
老 21
了1 53

了2 121

累 74

離 79

離別 97

禮 99

禮拜 99

立1 35

立2 81

利 101

利益 101

連 123

戀 62

量 56

列 122

臨 98

臨顧 98

臨昐 98

臨盼 98

臨終 21

吝 61

吝惜 61

零落 22

領 108

令1 90

令2 125

留 64

留止 64

流 112

流淚 34

流溢 112

漏 124

漏盡 124

路由 43

亂 104

論 28

論議 28

裸形 67

落 116

履 85

履行 85

M

賣 70

滿1 114

滿2 123

貿 70

沒1 119

沒2 110

沒溺 124

美 29

寐 65

萌芽 20

蒙 89

夢 65

迷 62
彌盡竟 114
靡伏（靡服） 104
眠 65
滅1 114
滅2 112
滅3 78
渳 57
名1 26
名2 26
名曰 26
明1 77
明2 53
明曉 53
明驗 109
鳴1 111
鳴2 111
鳴鼓 73
命 90
命令 91
磨滅 114
默然 27
謀 56
謀念 56
謀圖 56
沐浴1 69
沐浴2 89

N

納（内） 89
難 102
能 51
念 52
怒 168
諾1 95
諾2 96

P

攀持 36
彷徉 39
擗［僻］ 117
譬如 126
譬若 126
偏 127
漂下 112
娉 107
平復 116
平治 78
屏營 50
迫踧（蹙） 102
破 160
破薪 70

Q

欺 102

齊1　126

齊2　122

乞　94

乞退　97

起1　35

起2　66

起3　120

起4　78

起5　118

起居　66

啟　25

啟請　29

泣　33

泣淚　34

棄　78

棄捐　78

牽　36

遷　92

遷入　43

前　43

遣　90

侵陵　103

侵欺　103

寢　65

傾企　58

輕　59

請1　94

請2　95

請3　29

請啟　29

慶賴　46

親　57

親愛　57

窮1　114

窮2　115

窮微　71

求1　75

求2　75

求3　94

求哀　94

求見　94

求索　75

求通　94

求宿　94

屈　98

屈辱　98

屈伸　162

曲下　116

取　36

娶　21

去1　39

去2　122

去3　78

去至　42

趣1　42
趣2　117
趣向　117
趣欲　62
全　101
全濟　101
勸　30
勸成　100
却1　43
却2　78
逡巡　43
欽　57

R

然許　95
然可　95
燃（然）火　77
饒益　101
邈　44
忍1　51
忍2　51
容　90
如1　126
如2　127
如3　124
如意　46
辱　103

入1　42
入2　43
入出　43
若　126

S

灑　70
塞　80
散　162
散告　25
散解　79
喪　114
騷　47
騷擾　50
殺　103
殺害　103
曬　69
善　60
傷　103
傷敗　122
上　44
燒　111
燒害　104
燒殺　103
捨1　78
捨2　96
捨遠　86

射 104	識1 55
射殺 104	識2 52
赦 110	使1 125
攝 80	使2 90
審 53	使然 125
升 43	始 120
升降 44	示 92
生1 21	示導 92
生2 120	市 70
生3 20	市買 70
生存 21	似 126
生念 50	事 106
省 32	侍 106
省察 109	侍送 99
盛 76	侍衛 106
盛貯 123	侍養 106
失 160	是 125
失火 112	恃 74
失理 86	逝 41
施1 76	視 32
施2 87	視聽 33
施與 88	嗜欲 61
師 105	飾 88
師宗 105	試 83
食1 88	誓 50
食2 67	誓要 95
食噉 68	適 41

收　70
守　85
守請　95
首過　110
首情　110
受1　89
受2　84
受3　123
受敕1　93
受敕2　93
受行　93
受教　93
受令　92
受命　92
受聞　93
授　87
授拜　87
授職　108
熟　21
熟諦　54
熟觀　32
恕原　59
庶　60
竪　162
漱　69
數　56
衰　21

順1　124
順2　124
順承　85
説　23
私　57
思1　50
思2　52
思惟　52
思想　52
思憶　52
死　21
悚息　50
送　88
訟問　29
隨1　124
隨2　124
隨3　85
隨4　123
隨從　105
隨意　60
遂　165
損　74
損耗　75

T

貪羨　61
貪婬　61

貪欲 61

歎 30

提 36

剃頭 69

涕淚 33

聽1 31

聽2 95

聽受 31

停 117

停住 65

通1 123

通2 25

通3 119

通4 53

通客 99

同 126

同室 66

投託 94

徒跣 38

塗 37

吐 68

推1 55

推2 109

推親 57

推索 75

推問 28

推應 24

推逐 90

退 168

退入 43

拖拽 36

託 94

脫 117

脫置 79

W

外交 21

亡 22

亡〔巨〕命 22

枉 98

枉屈 98

往 117

往返 42

往來 42

忘 51

忘失 51

望1 58

望2 60

望3 32

危 103

爲惡 83

爲福 83

爲害 83

爲人 83

爲是　126
唯諾　96
唯願　60
惟　52
惟疑　54
爲1　107
爲2　126
爲3　125
爲4　83
爲5　81
違　86
違失　86
違遠　86
委藏　120
委厄　84
委棄　78
委去　39
未如　127
未有　113
畏　49
衛　100
衛護　101
衛侍　106
謂1　55
謂2　25
謂3　24
謂爲　55

聞1　31
聞2　25
聞睹　33
聞見　33
扠眼　37
問　28
問訊　29
搞打　37
卧　65
卧不安席　66
無　113
無厭　61
無有　113
舞　73
悟　53
寤　65

X

希望　60
息　164
洗　69
洗浣　69
喜　45
喜踊　46
喜悦　46
喜樂　46
喜躍　46

戲言	28	幸	61
下	44	興1	120
下降	44	興2	83
先達	121	興兵	104
絃歌	73	興功	83
顯	92	興立	81
限	40	興利	101
現	163	休止	121
相	34	修1	72
相聞	99	修2	77
翔集	66	修備	82
想	55	修德	72
向1	117	修敬	99
向2	42	修立	81
消	79	修勤	72
消除	114	修事	71
小住	35	修治1	72
恊恨	58	修治2	71
諧	121	羞恥	63
謝	24	嗅	31
謝過	110	噓唏	31
欣伏	105	叙1	108
欣悅	46	叙2	24
欣樂	46	叙3	108
信	55	宣	27
信伏	105	宣暢	27
信守	85	宣陳	27

宣化 27
宣令 27
宣明 27
宣叙 118
旋還 41
懸殊 127
眴 34
削 37
學 71
熏 77
尋 124
尋思 52
訓 91

Y

咽 68
淹塵 112
延納 90
延趣 42
延望 32
延致 95
言 23
言不及義 28
言語 23
研精 71
嚴辦 82
嚴飾 78

掩塞 77
驗 109
揚塵 112
仰觀 32
仰頭 34
要 95
噎 31
猗 62
揖 99
揖拜 99
移 115
移近 42
疑1 55
疑2 55
疑3 54
遺 114
遺疑 54
以爲 126
抑 80
抑卻 80
易 115
異 127
詣1 98
詣2 41
意 54
意謂 55
溢 119

翼從 106　　　　遊 66

議 27　　　　　遊觀 66

因順 124　　　　遊戲 73

引 125　　　　　遊止 67

引詣 98　　　　有 112

飲 68　　　　　有兼 127

飲酒 68　　　　誘 30

飲食 68　　　　娛樂 73

隱 163　　　　　逾 127

隱伏 119　　　　逾越 86

迎 99　　　　　雨 77

營佐 100　　　　語 24

應1 125　　　　育養 102

應2 96　　　　　浴 69

應節 125　　　　欲1 61

應命 93　　　　欲2 60

踊 35　　　　　欲望 60

踊身 35　　　　遇1 96

踊逸 45　　　　遇2 84

踊躍 45　　　　遇時 84

幽 109　　　　　喻如 126

憂 47　　　　　愈病 22

憂悲 48　　　　譽 29

憂毒 47　　　　原 109

憂患 47　　　　原恕 59

憂憒 47　　　　願1 60

憂惱 47　　　　願2 94

願樂　61
曰1　23
曰2　25
曰爲　25
約　80
悦　45
越　44
樂1　45
樂2　45
耘除　70

Z

載輦[輩]　67
在1　113
在2　122
攢采　89
讚　30
澡　69
澡漱　69
澡浴　69
造1　97
造2　81
造覲　98
造起　82
責1　31
責2　28
擇　107

擇取　107
譖　30
增　161
增益　116
詐　102
瞻　32
瞻睹　33
瞻候　32
展　77
展轉　44
占　73
戰　104
彰　162
彰告　25
召　91
照1　111
照2　54
照察　54
照除　111
照臨　98
珍　59
斟酌　68
震　51
震動　112
拯濟　100
整　78
整頓　78

整心 51　　　　　致 2 125
正 72　　　　　　置 107
諍 28　　　　　　滯 122
之 41　　　　　　質 28
知 52　　　　　　躓 36
直 1 118　　　　　終 164
直 2 107　　　　　終亡 22
值 96　　　　　　種 70
執行 85　　　　　周旋 44
執節 72　　　　　周悼 50
執事 108　　　　　爥 111
執侍 106　　　　　囑授 28
止 1 121　　　　　助 100
止 2 64　　　　　　住 1 35
止 3 96　　　　　　住 2 122
止頓 65　　　　　住頓 65
止宿 65　　　　　注 58
止住 65　　　　　注仰 58
指 36　　　　　　著 1 67
至 123　　　　　　著 2 123
志 50　　　　　　著 3 64
制 80　　　　　　拽出 36
制持 80　　　　　專 83
制伏 80　　　　　轉側 35
制止 80　　　　　轉到 42
治 77　　　　　　追 1 123
致 1 75　　　　　追 2 106

追逮 123
墜墮 117
准 124
諮受 93
自愛 101
自便 84
自護 101
自然 76
自捨 114
自責 31
自恣 85
字 26
字名 26
字曰 26
宗師 105
宗事 105
宗仰 105
綜 54

走 38
走出 40
卒 81
阻棄 90
尊 57
尊信 58
佐助 100
作1 81
作2 81
作3 83
作4 107
作廚 68
作飯 68
作害 84
作禮 99
作市 71
作術 74
坐 35

參考資料

一、著　作

1. 程湘清. 兩漢漢語研究 ［M］. 濟南：山東教育出版社，1992.

2. 程湘清. 漢語史專書複音詞研究 ［M］. 北京：商務印書館，2003.

3. 褚俊海. 漢語副詞的主觀化歷程——指示、限制、關聯 ［M］. 長沙：湖南師範大學出版社，2012.

4. 董秀芳. 漢語的詞庫和詞法 ［M］. 北京：北京大學出版社，2004.

5. 方一新. 中古近代漢語詞彙學 ［M］. 北京：商務印書館，2010.

6. 符淮青. 詞義的分析和描寫 ［M］. 北京：外語教學與研究出版社，2006.

7. 高名凱. 漢語語法論 ［M］. 上海：開明書店，1948.

8. 高小方，蔣來娣. 漢語史語料學 ［M］. 北京：高等教育出版社，2005.

9. 管錫華. 漢語古籍校勘學 ［M］. 成都：巴蜀書社，2003.

10. 管燮初. 西周金文語法研究 ［M］. 北京：商務印書館，1981.

11. 胡壯麟，朱永生，等. 系統功能語言學概論 ［M］. 北京：北京大學出版社，2005.

12. 慧皎. 高僧傳［M］. 北京：中華書局，1992.

13. 賈彥德. 漢語語義學［M］. 北京：北京大學出版社，1992.

14. 蔣紹愚. 漢語歷史詞彙學概要［M］. 北京：商務印書館，2015.

15. 蔣紹愚. 古漢語辭彙綱要［M］. 北京：北京大學出版社，1989.

16. 李維綺. 佛經語詞匯釋［M］. 長沙：湖南師範大學出版社，2004.

17. 李維琦. 佛經釋詞［M］. 長沙：岳麓書社，1993.

18. 李佐豐. 文言實詞［M］. 北京：語文出版社，1994.

19. 劉志生. 東漢碑刻複音詞研究［M］. 成都：巴蜀書社，2007.

20. 陸宗達，王寧. 訓詁方法論［M］. 北京：中國社會科學出版社，1983.

21. 呂澂. 新編漢文大藏經目錄［M］. 濟南：齊魯書社，1980.

22. 呂澂. 歷代藏經略考［M］. 臺北：大千出版社，2003.

23. 呂淑湘. 漢語語法論文集［M］. 北京：科學出版社，1955.

24. 呂叔湘. 中國文法要略［M］. 北京：商務印書館，1942.

25. 呂叔湘，朱德熙. 語法修辭講話［M］. 北京：開明書店，1952.

26. 宋永培. 古漢語詞義系統研究［M］. 呼和浩特：內蒙古教育出版社，2000.

27. 僧祐. 出三藏記集［M］. 北京：中華書局，1992.

28. ［日］太田辰夫. 漢語史通考［M］. 江藍生，白維國，譯. 重慶：重慶出版社，1991.

29. 王力. 漢語語法綱要［M］. 上海：新知識出版社，1957.

30. 伍宗文. 先秦漢語複音詞研究［M］. 成都：巴蜀書社，2001.

31. ［荷］許理和. 佛教征服中國［M］. 李四龍，裴勇，等，譯. 南京：江蘇人民出版社，2005.

32. 楊作玲. 上古漢語非賓格動詞研究［M］. 北京：商務印書館，2014.

33. 俞理明. 佛經文獻語言［M］. 成都：巴蜀書社，1993.

34. 俞理明，顧滿林. 東漢佛道文獻詞彙新質研究［M］. 北京：商務印書館，2013.

35. 張斌. 新編現代漢語［M］. 上海：復旦大學出版社，2012.

36. 張永言. 詞彙學簡論［M］. 武漢：華中工學院出版社，1982.

37. 張志公. 初級中學課本［M］. 北京：人民教育出版社，1955.

38. 周俊勳. 中古漢語詞彙研究綱要［M］. 成都：巴蜀書社，2009.

39. 朱慶之. 佛典與中古漢語詞彙研究［M］. 臺北：文津出版社，1992.

二、辭書及檢索軟件

1. 慈怡. 佛光大辭典［M］. 北京：北京圖書館出版社，1989.

2. 羅竹風. 漢語大詞典［M］. 上海：漢語大詞典出版社，

1986—1993.

3. 任繼愈. 佛教大詞典［M］. 南京：江蘇古籍出版社，2002.

4. 漢籍全文檢索系統（第四版），電子語料庫.

5. 大正新修大藏經全文檢索系統，中華電子佛典協會（CBETA）.

三、期刊論文、學位論文

1. 范曉，朱曉亞. 三價動作動詞形成的基幹句模［J］. 漢語學習，1998（6）.

2. 方一新. 敦煌寫卷《中本起經》校讀劄記［J］. 漢語史學報，2010.

3. 顧陽. 生成語法及詞庫中動詞的一些特性［J］. 國外語言學，1996（3）.

4. 郭錫良. 先秦漢語名詞、動詞、形容詞的發展［J］. 中國語文，2000（3）.

5. 黃建寧.《太平經》中的同素異序詞［J］. 四川師範大學學報，2001（1）.

6. 吉潔. 英語中的生命度等級研究［D］. 北京：北京外國語大學博士學位論文，2014.

7. 姜黎黎. 古代漢語同素異序詞研究綜述［J］. 江南大學學報，2009（3）.

8. 蔣紹愚. 打擊義動詞的詞義分析［J］. 中國語文，2007（5）.

9. 蔣紹愚. 上古漢語的作格動詞［J］//歷史語言學研究（第11輯）. 北京：商務印書館，2017.

10. 劉鳳樨. 漢語的使動轉換［J］. 當代語言學，2018（3）.

11. 馬真. 先秦複音詞初探［J］. 北京大學學報, 1980 (5).

12. 宋亞云. 漢語作格動詞的歷史演變及相關問題研究［D］. 北京: 北京大學博士學位論文, 2015.

13. 唐元發. 先秦複音詞的產生與發展［J］. 浙江工業大學學報, 2007 (3).

14. 全國斌. 關於句子成分概念的內涵界定［J］. 殷都學刊, 1992 (1).

15. 王彤偉. 《三國志》同義詞研究［D］. 上海: 復旦大學博士學位論文, 2007.

16. 王彤偉. 古漢語同義詞專書研究和一般性研究的區別［J］. 阜陽師範學院學報, 2008 (2).

17. 伍鐵平. 詞義的感染［J］. 語文研究, 1984 (3).

18. 向熹. 《詩經》裏的複音詞［J］//語言學論叢. 北京: 商務印書館, 1980.

19. 徐杰. 兩種保留賓語句式及相關句法理論問題［J］. 當代語言學, 1999 (1).

20. 楊素英. 從非賓格動詞現象看語義與句法結構之間的關系［J］. 當代語言學, 1999 (1).

21. 易福成. 《孫子兵法》謂詞句法和語義研究［D］. 北京: 北京大學博士學位論文, 1999.

22. 殷寄明, 邵文利. 論詞義的因果引申［J］. 內蒙古民族大學學報, 1996 (1).

23. 俞理明. 東漢佛教文獻辭彙新質中的外來成分［J］. 江蘇大學學報, 2011 (3).

24. 俞理明. 詞彙描寫的思路和方法［J］//漢語史研究集刊 (第十輯), 成都: 巴蜀書社, 2007.

25. 張能甫. 東漢語料及同素異序的時代問題——對《東漢

語料與詞彙史研究芻議》的補説［J］. 古漢語研究，2000（3）.

26. 張博. 組合同化：詞義衍生的一種途徑［J］. 中國語文，1999（2）.

27. 張生漢. 古漢語同義詞研究的性質與目的［J］//漢語史研究集刊（第十一輯），成都：巴蜀書社，2008.

28. 周作明. 東晉南朝道教上清派經典行爲詞新質研究［D］. 成都：四川大學博士學位論文，2007.

四、圖版資料

1. 俄羅斯科學院東方研究所. 俄藏敦煌文獻［M］. 上海：上海古籍出版社，1992—2001.

2. 上海圖書館. 上海圖書館藏敦煌吐魯番文獻（第 3 册）［M］. 上海：上海古籍出版社，1999.